STAR WARS®

EPISODE I

DIE ILLUSTRIERTE ENZYKLOPÄDIE

AURRA SING

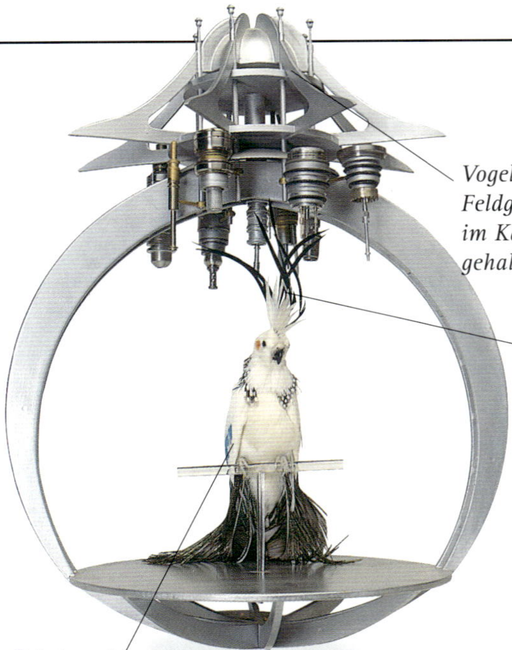

NEIMOIDIANISCHER VOGELKÄFIG

MAKROBINOCULAR EINES PODRACER-FANS

HELM DES NABOO-HANGARCHEFS

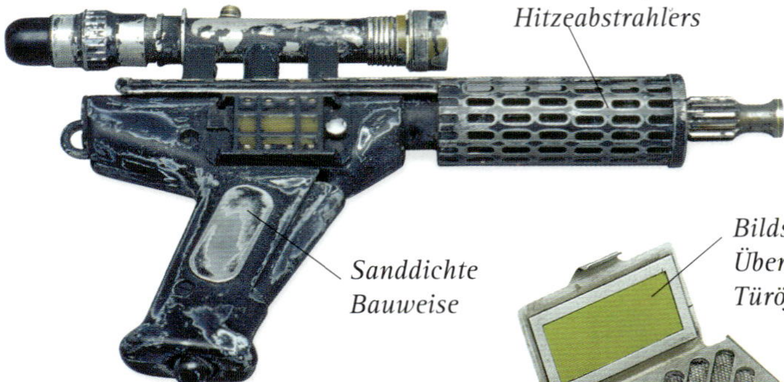

TATOOINE-BLASTER

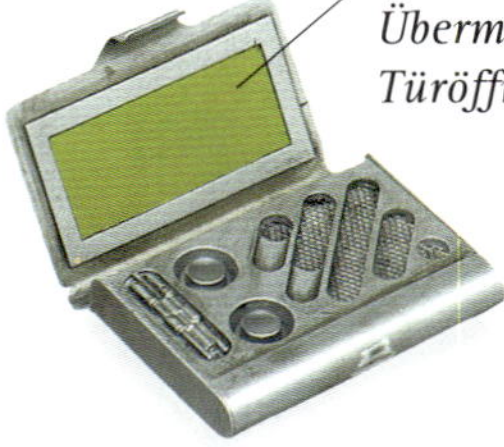

GYRDA-DATAPAD

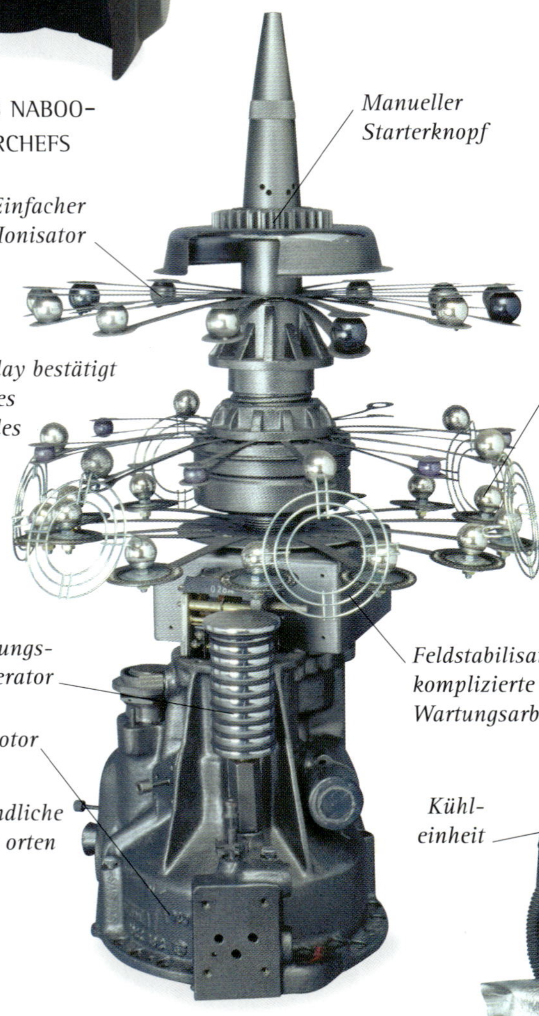

WATTOS IONISATOR

RUCKSACKKÜHLER VON MOS ESPA

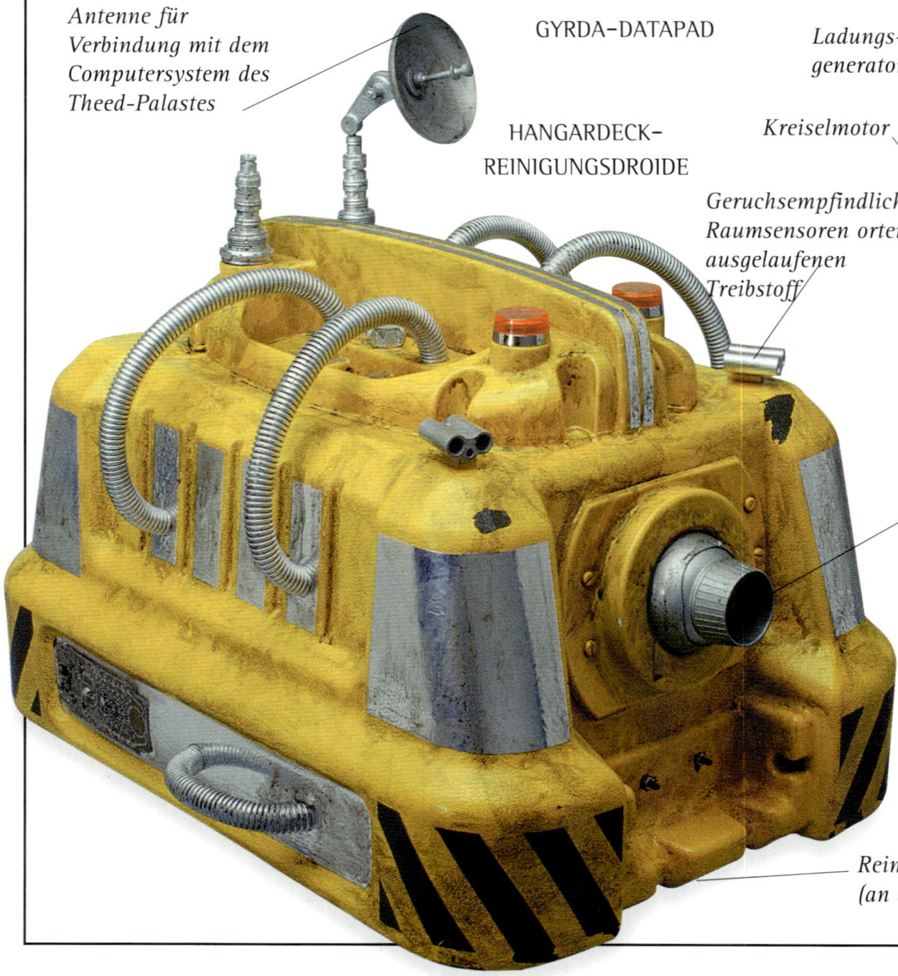

HANGARDECK-REINIGUNGSDROIDE

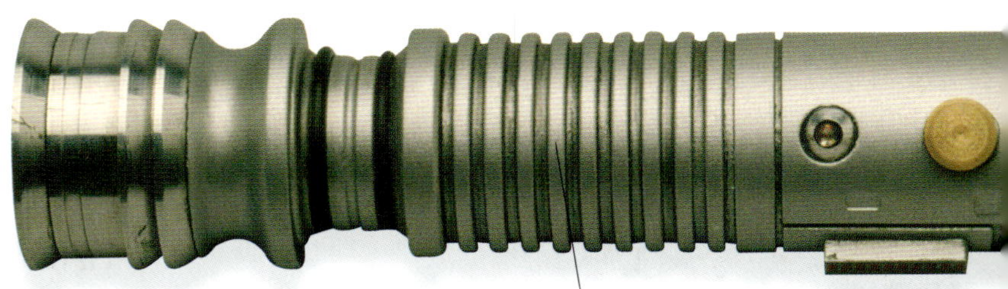

JEDI-LICHTSCHWERT

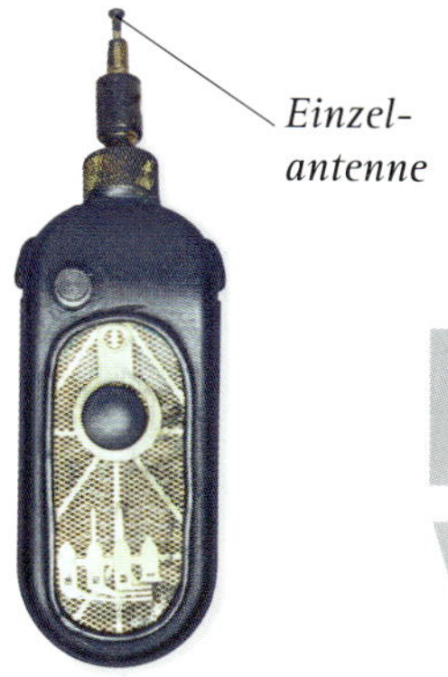

COMLINK

BLISSL-TUNER
(MUSIKINSTRUMENT)

STAR WARS®

EPISODE I

DIE ILLUSTRIERTE ENZYKLOPÄDIE

DAVID WEST REYNOLDS

Aus dem Amerikanischen von
HEINZ NAGEL

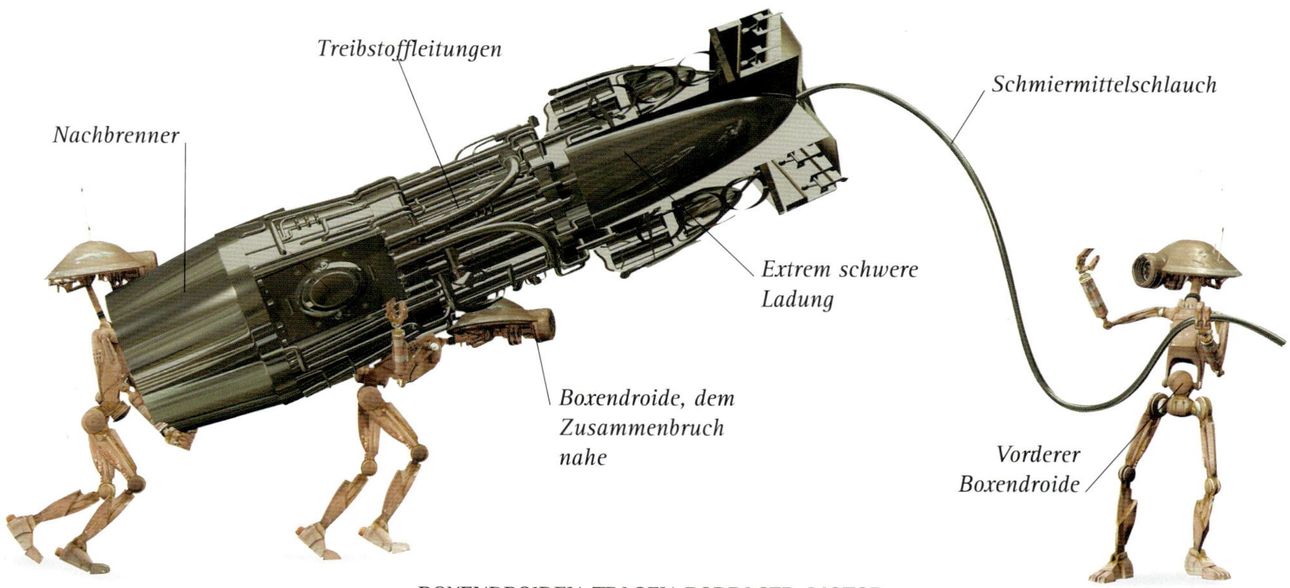

BOXENDROIDEN TRAGEN PODRACER-MOTOR

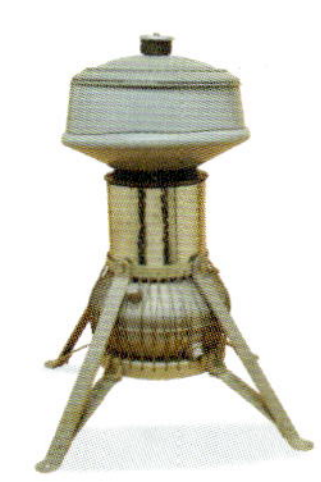

HEIZGERÄT FÜR
SKLAVENQUARTIER

DORLING KINDERSLEY
LONDON • NEW YORK • STUTTGART • MOSCOW • SYDNEY

Inhalt

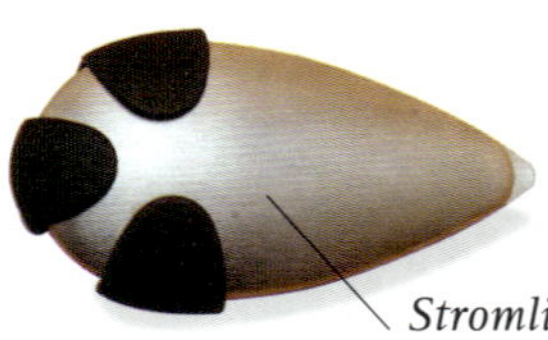

Stromlinienförmiges Gehäuse

ZIVILES NABOO-COMLINK

Holographische Speicherzelle

RATH-RECORDER

Sonnenschutzrolle

Kondensierflaschen

RUCKSACK FÜR WÜSTENEINSATZ

Auffälliges Dekor

BLASTER EINES AUFTRAGSKILLERS

Wupiupi-Tasche

TATOOINE-GELDGURT

Gehäuse aus polierter Metalllegierung

NABOO-DETONATOR

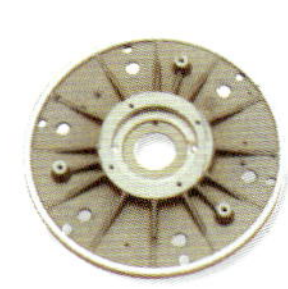

SITH-SIGNALBAKE

Einleitung

Star Wars: Episode I führt uns zu den Anfängen der Krieg der Sterne-Saga, versetzt uns ein Lebensalter zurück in die Vergangenheit, in eine Zeit, als Luke Skywalkers schicksalhafte Begegnung mit Ben Kenobi noch in ferner Zukunft lag. Lukes Vater, Anakin Skywalker, ist ein Kind von gerade erst neun Jahren, und die Völker zahlreicher Rassen sind friedlich vereint unter der noch stabilen Regierung der Galaktischen Republik – auch wenn erste Vorboten des Verfalls bereits ihre Schatten vorauswerfen. Diese Epoche ist bevölkert mit Charakteren, deren Heimatwelten reich sind an atemberaubenden Raumschiffkonstruktionen, exotischen Landestrachten und fremdartig anmutenden Droiden – und wie im wirklichen Leben hat alles, was uns hier begegnet, seine eigene Geschichte. Der aufmerksame Betrachter wird rasch Parallelen zur realen Welt entdecken. Vom Schreckgespenst der unvermittelt auftauchenden Kampfdroiden der Handelsföderation bis hin zu den tödlichen Fängen des Colo-Klauenfisches oder den Delikatessen, die auf dem Markt von Mos Espa feilgeboten werden – *Die Illustrierte Enzyklopädie* führt Sie in Bild und Text durch die fantastische Welt dieser neuen Episode der *Star Wars*-Saga, in der alles seinen Anfang nimmt. Kommen Sie also an Bord.

Und schnallen Sie sich an.

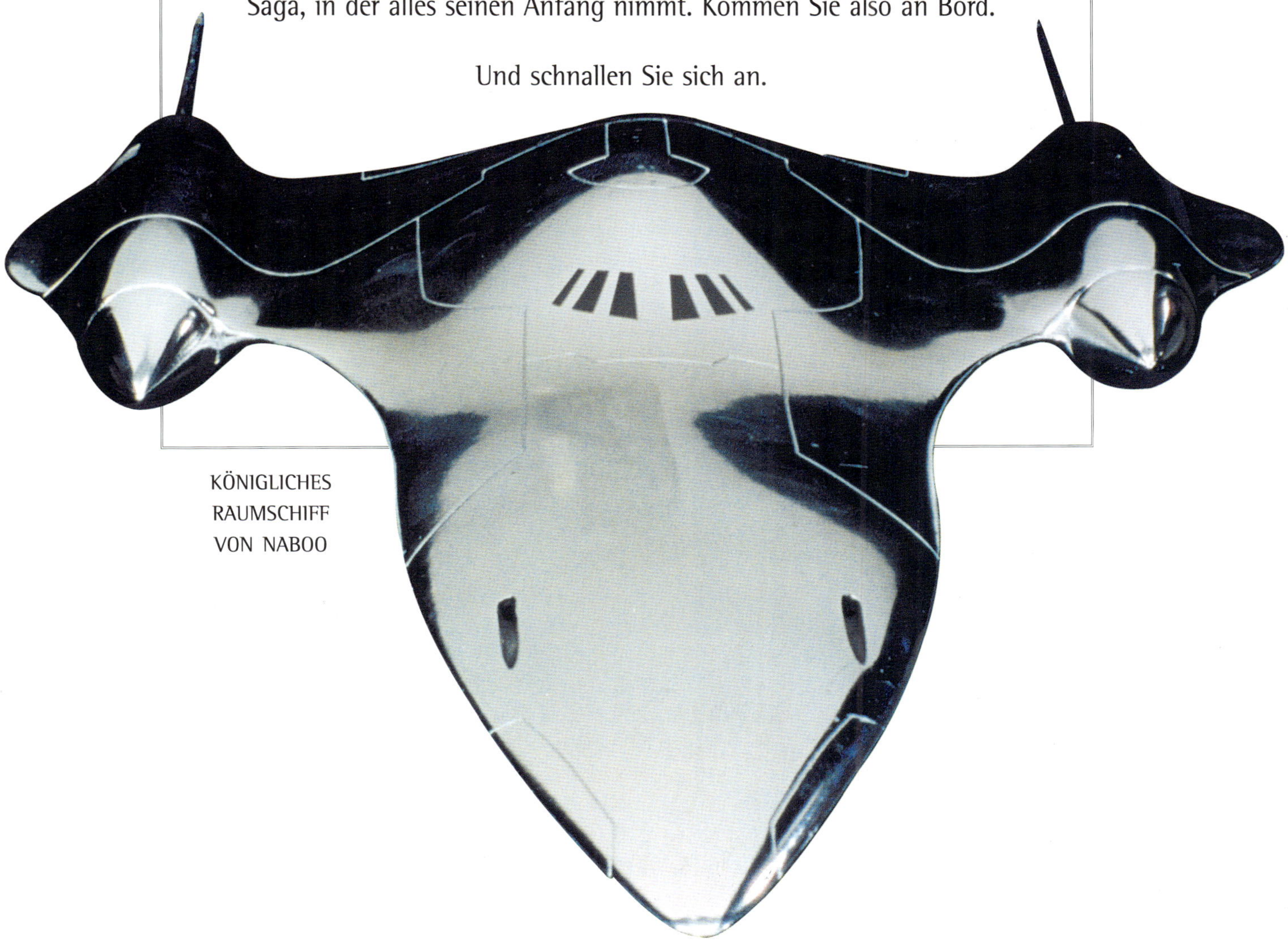

KÖNIGLICHES RAUMSCHIFF VON NABOO

Die dunkle Bedrohung

GEGRÜNDET VOR LANGER ZEIT, vereint die Republik zahllose Sternensysteme unter einer Regierung. In vergangenen Jahrtausenden kämpften große Teile der Republik gegeneinander, bewahrten aber stets den dünnen Faden der Einheit. Unter dem Schutz der weisen Jedi, den Hütern einer mystischen Gewalt, die man „die Macht" nennt, stellte sich Frieden und Gerechtigkeit ein. Die Zivilisation gedieh. Der Galaktische Senat wurde gegründet, und die Republik erlangte Wohlstand. Doch die Regierungsinstitutionen wurden dekadent, und die Zahl der Jedi schrumpfte auf kaum mehr als zehntausend zusammen. Jetzt ist die Macht selbst aus dem Gleichgewicht geraten, und große Veränderungen drohen . . .

Coruscant

Eine Welt, die aus einer einzigen, riesigen Stadt besteht. Coruscant ist der Sitz der galaktischen Regierung und praktisch das Zentrum des bekannten Universums. Vertreter aller Mitgliedswelten versammeln sich hier, um die gewaltige Aufgabe zu bewältigen, eine ganze Galaxis zu regieren und zu verwalten. Auch die Jedi haben ihren Hauptsitz auf Coruscant, um dort der Führung des Galaktischen Senats zu dienen.

Auf Coruscant werden die Regierungsmitglieder des Galaktischen Senats von den Jedi unterstützt, den Wächtern über Frieden und Gerechtigkeit. Von den Beschlüssen des Hohen Jedi-Rates hängt es ab, ob das Schicksal abgewendet werden kann, das der Galaxis droht, wenn die Mächte der Dunkelheit ihre Kräfte vereinen.

Darth Sidious

Der Sith-Lord Darth Sidious leitet die letzte Phase des zweitausend Jahre alten Plans seines Ordens zur Vernichtung der Jedi ein. Er hat mit großer Geduld seine Macht und seinen Einfluß in den innersten Kreisen der galaktischen Regierungsverwaltung ausgebaut. Unter Einsatz seiner psychologischen Fähigkeiten und seiner Kenntnisse der Bürokratie führt er die Krise herbei, die es ihm ermöglichen soll, nach der Herrschaft zu greifen.

Coruscant bietet zahlreiche Verstecke für die mysteriösen Sith, eine uralte dunkle Ordensgemeinschaft, die im Untergrund der galaktischen Metropole darauf lauert, die Zeit der Schwäche der Republik auszunutzen, um ein neues Zeitalter der Sith-Herrschaft einzuleiten. Diese Bedrohung geht vom Kern des Imperiums aus und zieht Individuen diesseits und jenseits von Coruscant in ihr Netz.

Königlicher Palast von Theed — *Palast-Vorhof* — *Naboo-Philosophen*

In seiner silbernen Eleganz und seinen fast verspielt wirkenden Konturen ist das Königliche Raumschiff der Inbegriff des Naboo-Stils. Dennoch sind die Antriebssysteme, um die herum das Schiff gebaut ist, Importprodukte. In vergleichbarer Weise ist auch das Volk von Naboo von der Industrie anderer Planeten abhängig.

Naboo

Der dünnbesiedelte und provinziell anmutende Planet Naboo hat aus seiner Mitgliedschaft in der Republik große Vorteile gezogen. Seine Architektur ist Ausdruck einer nach Ästhetik in den Künsten und Harmonie im Alltag strebenden Lebensphilosophie. Die Naboo betrachten ihr Privileg inzwischen als ein angestammtes Recht und begreifen nicht, in welchem Maße sie von der Macht und der Stärke der galaktischen Regierung abhängig sind, die ihnen Schutz bietet. Erst wenn die Krise naht, werden sie zu der Erkenntnis gelangen, daß die einzige Stärke, auf die sie sich verlassen können, ihre eigene ist.

Hydrostatische Blasen halten Wasser ab

Kunstvolle Gungan-Bodenornamente

Brandspur von Überlastungsbrand — *Bereich der Feldundichtigkeit* — *Auf Naboo angefertige Transformatorenflächen*

Kernkammer enthält nubianischen T-14-Generator — *Hyperantriebs-Effektkanäle optimieren Supralichtleistung*

Otoh Gunga

Ohne Kontakt zur Außenwelt glänzen die Gungan-Unterwasserstädte von Naboo wie schimmerndes Geschmeide. Die Hauptstadt, Otoh Gunga, ist stolz darauf, keinerlei fremden Einflüssen ausgesetzt zu sein. Dennoch ist der in aller Stille erfolgende Handel mit den Naboo für Otoh Gunga lebenswichtig. Die Gungans müssen erkennen, daß dies – ebenso wie die Gefahr, die die Handelsförderation für sie darstellt – ein weit höheres Maß an Kontakten zu Fremden mit sich bringt, als man zugeben möchte.

Typisches Gungan-Design

Hyperantriebskern

Der Hyperantriebskern des Königlichen Raumschiffs ist ein beeindruckendes Beispiel für den Naboo-Stil – ein Labyrinth von Transformatorflächen und Effektkanälen, die es ermöglichen, sanft in den Hyperraum einzutauchen. Als der Hyperantriebsgenerator nubianischer Herkunft im Gefecht ausfällt, wird den Naboo schmerzlich bewußt, in welchem Maße sie von der Welt außerhalb ihres Planetensystems abhängig sind.

LANDUNG AUF TATOOINE
Das Königliche Raumschiff von Naboo wird durch einen Bruch im Hyperantriebskern gezwungen, auf der Wüstenwelt Tatooine zu landen. Königin Amidala muß in der Wildnis Zuflucht suchen und ihre ganze Hoffnung auf eine verzweifelte Chance setzen.

Sklavenunterkünfte — *Unverputzte Steinwände*

Tatooine

Weitab vom Einflußbereich der Republik befinden sich die Welten des Äußeren Randes, ein Grenzgebiet, in dem Freiheit und Versklavung dicht beieinander liegen. Auf Tatooine herrschen wohlhabende Handelsfürsten neben gewissenlosen Gangstern. Die Steinbauten von Mos Espa wirken so schroff und unwirtlich wie der Planet selbst, doch hinter grobem Mauerwerk verbergen sich hochentwickelte Klimaanlagen. Auf Tatooine ist nicht jeder, was er zu sein scheint – wie man an Bord des Königlichen Raumschiffs nach der Begegnung mit einem Sklavenjungen namens Anakin Skywalker rasch herausfindet.

Mace Windu

MACE WINDU ist der Führer des Jedi-Rates, seine Weisheit und Selbstaufopferung sind legendär. In seiner langen, an Abenteuern reichen Karriere hat er wiederholt sein Leben riskiert, um große Konflikte für alle Beteiligten fair zu lösen. Windu ist von nüchterner Wesensart, im Angesicht von Gefahr jedoch durchaus auch zu dramatischem Handeln fähig. Selbst erfahrene Jedi suchen in Zeiten ernsthafter Schwierigkeiten den Rat dieses großen Mannes. Mace Windu, stets bereit, die eigene Sicherheit hintanzustellen, riskiert nur ungern das Leben anderer. Qui-Gon Jinns Glaube an Anakin Skywalker ist ihm suspekt, und er befürchtet, daß von dem Jungen einmal eine große Gefahr ausgehen wird. Diese Sorge belastet seine Freundschaft zu Qui-Gon.

Immer wieder stand Mace Windu im Zentrum großer Konflikte. Sein Ruhm steht seinem Verhandlungsgeschick um nichts nach.

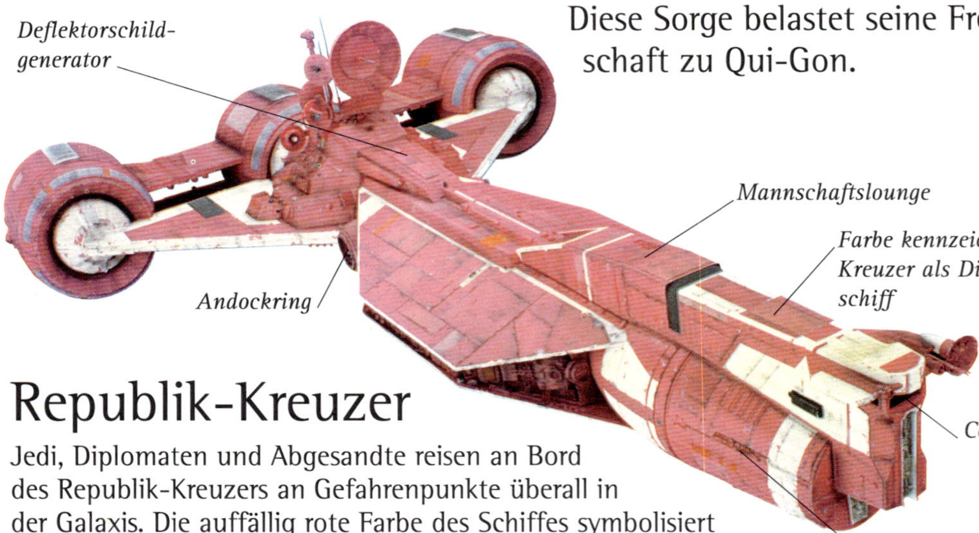

Republik-Kreuzer

Jedi, Diplomaten und Abgesandte reisen an Bord des Republik-Kreuzers an Gefahrenpunkte überall in der Galaxis. Die auffällig rote Farbe des Schiffes symbolisiert seine Neutralität. In gut gepanzerten Salonkapseln finden Verhandlungen auf höchster Ebene zwischen kriegführenden Parteien statt.

Der Hohe Rat der Jedi wird unter strenger Geheimhaltung von Großkanzler Valorum vom Galaktischen Senat einberufen, um den Konflikt mit der Handelsföderation zu schlichten. Mace Windu bestellt zwei seiner fähigsten Jedi zu sich, um diese Mission zu übernehmen, nicht ahnend, daß Qui-Gon Jinn und seinen Lehrling Obi-Wan Kenobi in der Flotte der Handelsföderation Gefahr und Verrat erwarten.

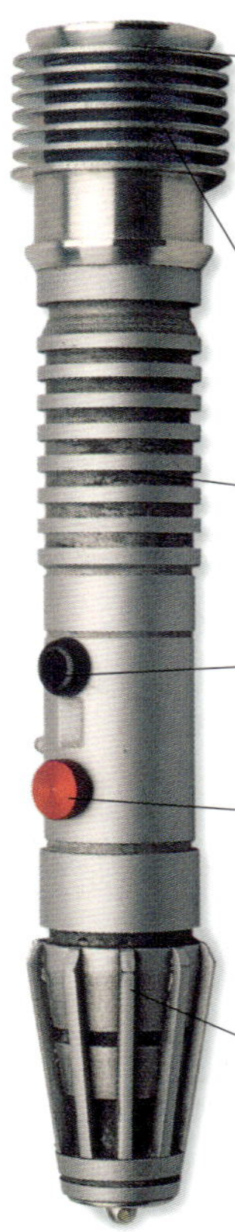

MACE WINDUS LICHTSCHWERT

DATENBLATT

◆ Die Jedi benutzen das Lichtschwert als Symbol ihrer Kampfbereitschaft – zur Verteidigung, nicht zum Angriff – und ihres existentiellen Strebens nach Vervollkommnung sowohl geistiger wie körperlicher Fähigkeiten.

◆ Die Jedi sind Botschafter, Vermittler und Berater, und nur in äußerster Not Krieger.

Yoda

MIT SEINEN MEHR ALS 800 Lebensjahren ist Yoda das älteste und wohl auch weiseste Mitglied des Hohen Jedi-Rates. Auf zahlreichen Reisen hat Yoda in jüngeren Jahren Hunderte von Welten besucht und sich als stiller Beobachter ganz der Aufgabe gewidmet, die unterschiedlichen Lebensweisen und die unendlich vielfältigen Nuancen der Macht zu studieren. Diese Erfahrungen haben ihn vorsichtig und nachdenklich zugleich gemacht. Der Jedi-Meister nimmt großes Interesse an der Entwicklung von Qui-Gon Jinn und seinem Lehrling Obi-Wan Kenobi. Yoda, der ihre beträchtlichen Kräfte und Potentiale erkannt hat, lehnt jedoch viele ihrer „leichtsinnigen" Entscheidungen ab.

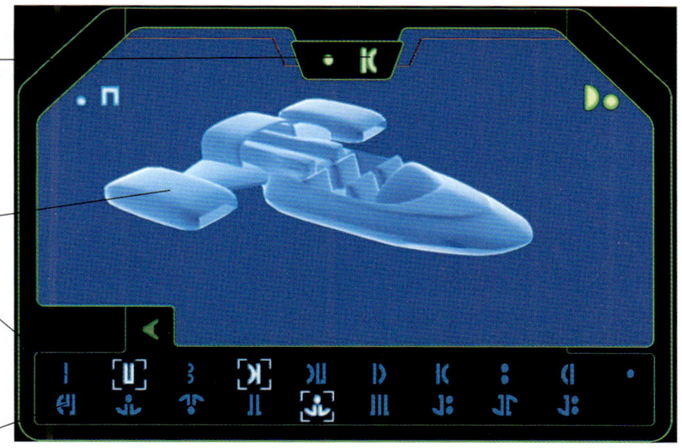

Testschirm

Der Hohe Jedi-Rat benutzt handliche Multifunktionstestschirme zur Prüfung der Lehrlinge. Diese Sichtschirme werden von den mentalen Kräften der Jedi betrieben und besitzen kleine Drehschalter. Nur ein in der Macht Geschulter kann den mit hoher Geschwindigkeit ablaufenden Bildsequenzen auf dem Display folgen. Mittels dieser Sichtschirme trainieren die Ratsmitglieder ihre Fähigkeiten. Zugleich stehen sie als Symbol dafür, daß ihre Besitzer im Einklang mit der Macht sind.

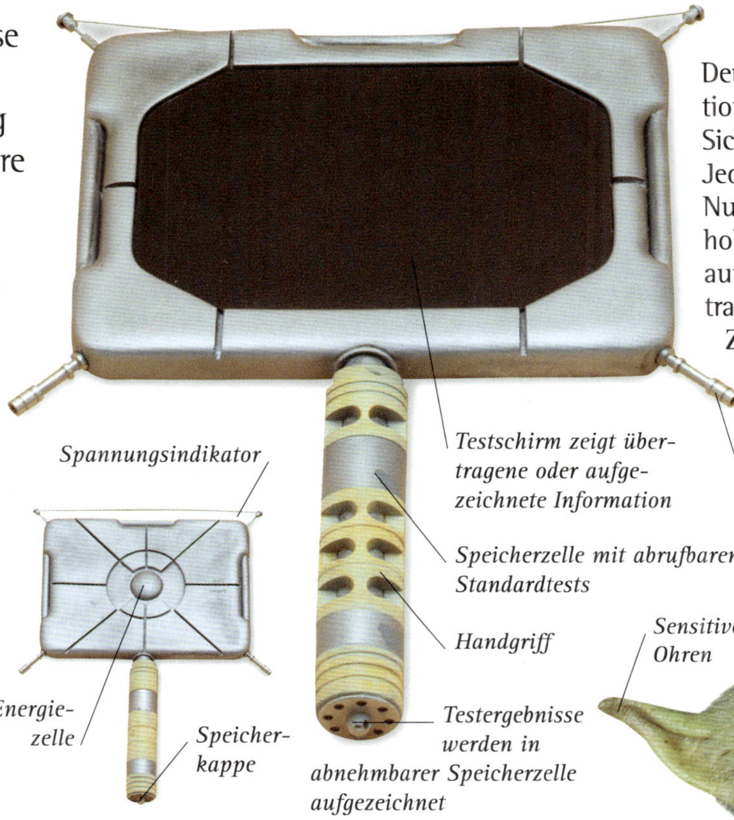

HINTERANSICHT

Die Jedi beziehen ihre Kraft aus der Macht, einem allgegenwärtigen, subtilen Energiefeld, das von allen lebenden Geschöpfen erzeugt wird. Die Macht kann telekinetische Kräfte verleihen und Einblicke in die Zukunft, die Vergangenheit oder auch die Gedanken anderer verschaffen.

YODAS LICHTSCHWERT

Da Yoda so viel vom Leben gesehen hat, mißt er alles, was in der Galaxis geschieht, an einer sehr weitreichenden Perspektive. Heute ist er bei weitem nicht mehr so aktiv wie in jüngeren Jahren, bleibt aber zusammen mit Mace Windu eine der beiden wichtigsten Stimmen der Weisheit im Hohen Jedi-Rat.

DATENBLATT

- ◆ Mit Hilfe seines Gimerstocks kann Yoda auch lange Strecken zu Fuß bewältigen; zudem enthält der Stock Pflanzenextrakte, die beim Kauen die Meditation unterstützen.
- ◆ Seit vielen Jahren mußte Yoda sein spezielles Lichtschwert nicht mehr einsetzen. Dem Jedi-Meister bereitet es größere Befriedigung, gewaltfreie Lösungen zu finden.

Der Hohe Rat der Jedi

DIE ZWÖLF MITGLIEDER des Hohen Jedi-Rates stellen eine Versammlung großer Geister dar, die sich im Dienste des Friedens und der Gerechtigkeit bewährt haben. Im festen Glauben an die Macht arbeiten die Ratsmitglieder vertrauensvoll zusammen, frei von den Beschränkungen, die kleinliche Eifersucht und Egoismus auferlegen, ein Bündnis gegenseitigen Respekts und ein sicherer Hort für ein hehres Ziel. Dem Jedi-Rat gehören fünf ständige Mitglieder an, die sich der schwierigen Arbeit dieser Institution auf Lebenszeit verpflichtet haben. Daneben rekrutiert sich der Rat aus vier Mitgliedern, denen ein Rücktritt im Alter freigestellt bleibt, sowie aus drei weiteren, deren Zugehörigkeit auf eine bestimmte Anzahl von Jahren festgelegt ist. Diese Ausgewogenheit sorgt dafür, daß der Rat weise und tatkräftig bleibt.

EVEN PIELL
Ein Auge des Jedi-Meisters Even Piell ist von einer auffälligen Narbe überwuchert – die Trophäe eines Sieges gegen Terroristen, die den Fehler begangen hatten, den kleinwüchsigen Jedi zu unterschätzen.

Der Ratssaal befindet sich im Mittelturm des Jedi-Tempels auf der galaktischen Hauptwelt Coruscant. Die zwölf Ratsmitglieder sitzen auf in einem gleichförmigen Kreis rings um den Saal verteilten Sesseln.

Yareal Poof

Der Jedi-Meister Yareal Poof ist ein Meister der Gedankenmanipulation, mit deren Hilfe er jedem Konflikt ein Ende zu bereiten vermag, indem er die Kontrahenten mit ihren ureigensten Ängsten konfrontiert.

Saesee Tiin

Als Iktotchi-Pilot behält Saesee Tiin auch bei höchsten Geschwindigkeiten den Überblick an den komplizierten Steuerkontrollen der besten Weltraumfahrzeuge. Sein telepathischer Verstand, der stets vorauseilt, ist dem Rat eine unschätzbare Hilfe.

Ki-Adi-Mundi

Ein Jedi-Ritter von der weitgehend unverdorbenen Paradieswelt Cerea. Unter seiner auffällig hohen Stirn arbeitet ein komplexes Binärgehirn. Ki-Adi-Mundi ist erst kürzlich in den Rat aufgenommen worden und hat bis jetzt noch keinen Padawan-Anwärter erwählt.

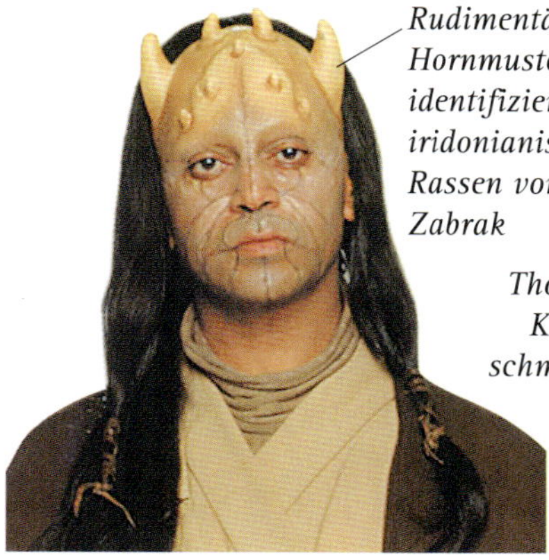

EETH KOTH
Iridonianische Zabrak wie Eeth Koth sind berühmt für ihre mentale Disziplin, die es ihnen erlaubt, große körperliche Schmerzen zu ertragen. Diese Fähigkeit ist ein Produkt ihres harten Überlebenskampfes auf ihrer unwirtlichen Heimatwelt.

OPPO RANCISIS
Der Corag Oppo Rancisis hat seinen Thron auf Thisspias aufgegeben, um in dem auf Coruscant beheimateten Jedi-Orden der ganzen Galaxis zu dienen. Wenn alle Verhandlungen scheitern, sorgt Rancisis dafür, daß die vom Jedi-Rat eingeleiteten militärischen Taktiken effektiv und wirksam ablaufen.

DEPA BILABA
Zu Ehren ihrer ermordeten Eltern folgt die Jedi-Meisterin Depa Bilaba den Traditionen von Chalacta. Ihre ordnende Sicht der Dinge hilft dem Hohen Rat, geistige Disziplin zu wahren.

Adi Gallia

Als Sproß einer hochrangigen Diplomatenfamilie auf Coruscant, besitzt Adi Gallia die Fähigkeit, intuitiv die Gedanken anderer zu erspüren. Aufgrund ihrer großen Diskretion verfügt sie über zahlreiche Kontakte in die politischen Kreise Coruscants, was sie zu einer der wertvollsten Nachrichtenquellen des Obersten Kanzlers macht.

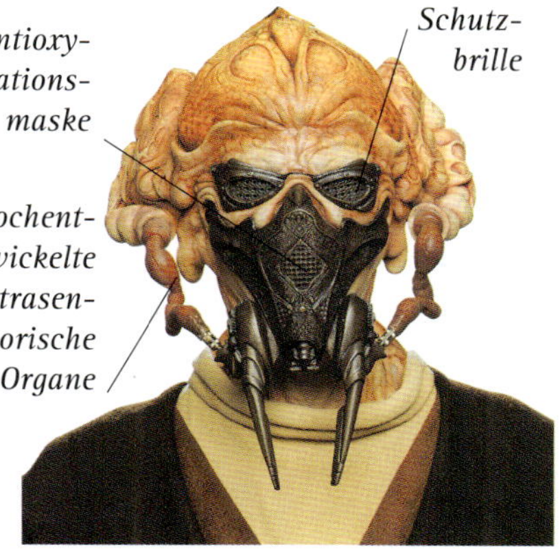

PLO KOON
Ein Kel Dor von Dorin, der seine empfindlichen Augen und seine Nase mit besonderen Vorrichtungen vor der sauerstoffreichen Atmosphäre Coruscants schützen muß.

Yaddle

Der mit 477 Jahren noch junge Jedi-Meister Yaddle blickt respektvoll zu Yoda auf, wenn dieser mit Geduld und Einfühlungsvermögen den Rat leitet. Yaddle wartet bei Diskussionen stets den richtigen Augenblick ab, um dann mit verhaltener Stimme einen wertvollen Beitrag zu leisten.

DATENBLATT

◆ Die zwölf Mitglieder des Hohen Rates stellen eine bloße Andeutung der Vielfalt im Jedi-Orden dar, der Angehörige Hunderter von Spezies und Kulturen in sich vereint.

◆ Von den Billionen Lebewesen, die die Galaxis bevölkern, werden nur sehr wenige zu Jedi-Rittern; auf Coruscant weilen davon nur etwa zehntausend.

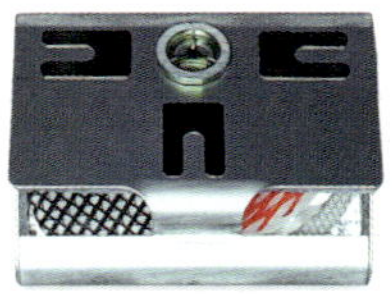

JEDI-
BLUTTEST-SET

Qui-Gon Jinn

JEDI-MEISTER

MEISTER QUI-GON JINN ist ein erfahrener Jedi, der auf vielen Missionen und bei schwierigen Verhandlungen seinen Wert unter Beweis gestellt hat. Auch in reiferen Jahren hat er die Rastlosigkeit seiner Jugend nie ganz ablegt. Als Qui-Gon auf der Wüstenwelt Tatooine dem jungen Anakin Skywalker begegnet, steht für ihn vom ersten Augenblick an fest, daß dieser junge Mann für das Schicksal der ganzen Galaxis von entscheidender Bedeutung ist. Qui-Gon setzt sich für Anakin ein und bringt damit Ereignisse ins Rollen, die am Ende die Macht ins Gleichgewicht bringen werden – jedoch zu einem hohen Preis.

Auf Tatooine möchte Qui-Gon nicht als Jedi erkannt werden. Daher tauscht er seine Robe gegen einen grobgewebten Poncho ein, wie er auf dem Planeten von Siedlern und Feuchtfarmern getragen wird.

REPUBLIK-KREUZER
Qui-Gon, der vom Obersten Kanzler ausgesandt wurde, um den Disput mit der Handelsföderation zu schlichten, reist an Bord des Diplomatenschiffes Radiant VII.

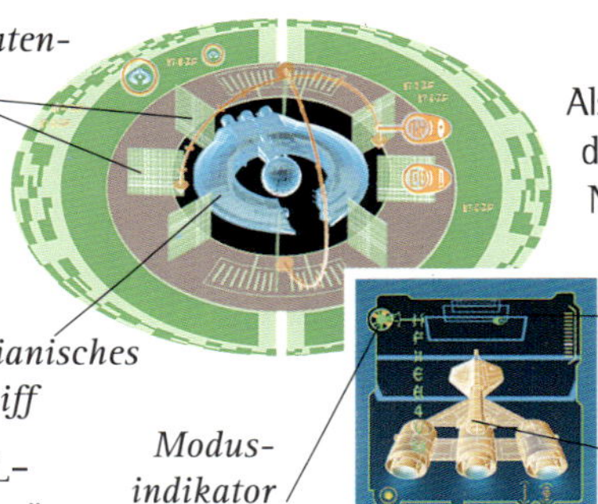

ZIEL-
NAVISPHÄRE

Als die Radiant VII sich auf die Landung im Hangar des Handelsföderation-Flaggschiffs vorbereitet, sorgen Navigationsdisplays für präzise Andockmanöver.

Lichtschwert

Dem Brauch seiner Zeit folgend hat Qui-Gon sich ein höchst kompliziertes Lichtschwert gebaut. In dem geschuppten Handgriff sind viele kleine Energiezellen untergebracht, die Klinge wird von mikroskopisch kleinen Schaltkreisen gesteuert. Einfachere Lichtschwertkonstruktionen, wie sie außerhalb des Jedi-Tempels auf Coruscant hergestellt werden, besitzen in der Regel eine einzige große Energiezelle in einem massiven Handgriff.

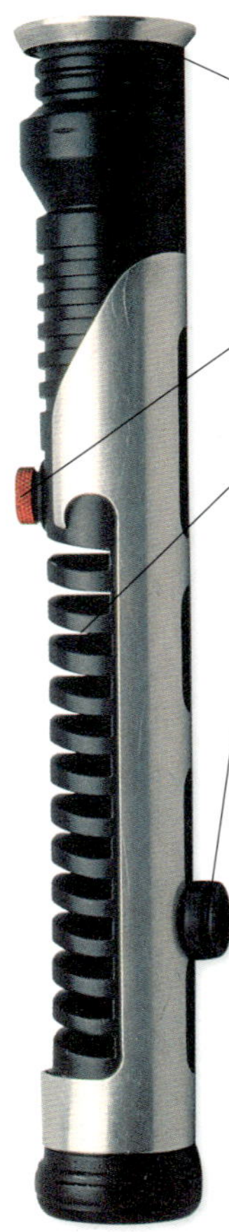

QUI-GON JINNS
LICHTSCHWERT

Qui-Gon hat im Jedi-Orden große Prominenz erlangt und ist den zwölf Mitgliedern des Hohen Rates wohlbekannt. Trotz seiner hervorragenden Verdienste als Jedi-Ritter wurde er jedoch bei der Neubesetzung eines Ratssitzes übergangen. Diese Entscheidung ist in Qui-Gons unbeugsamen Wesen begründet, das ihn manchmal dazu veranlaßt, sich über die Beschlüsse seiner Jedi-Kollegen und auch der Ratsälteren hinwegzusetzen.

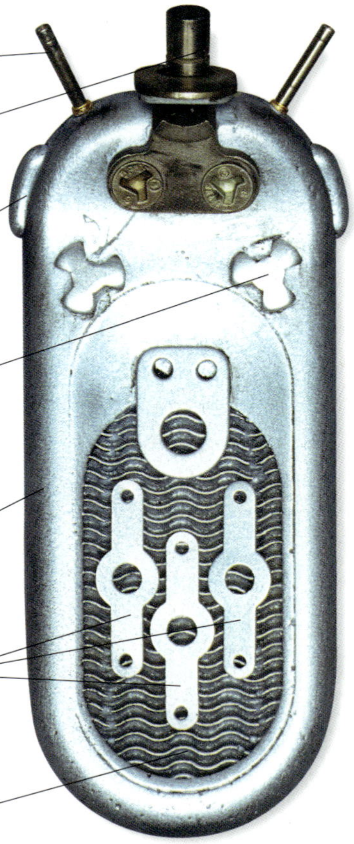

Holoprojektor

Einer der Ausrüstungsgegenstände Qui-Gons ist ein kleiner Holoprojektor. In Reihe geschaltet mit einem Comlink erlaubt dieser die Übertragung holographischer Daten für Gespräche von Angesicht zu Angesicht. Zudem kann er als unabhängiger Bildrekorder und -projektor benutzt werden.

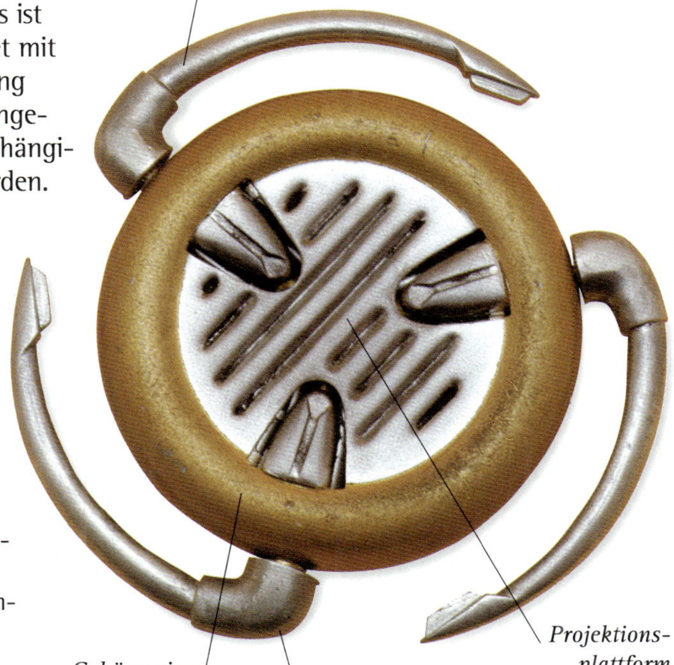

Qui-Gon füttert seinen Holoprojektor mit Bildmaterial aus den Datenbänken des Königlichen Raumschiffes. Nachdem man auf Tatooine notlanden mußte, hofft er, sich mittels holographischer Projektionen passende Ersatzteile beschaffen zu können.

Comlink

Qui-Gons Miniatur-Comlink erlaubt es ihm, mit Obi-Wan in Verbindung zu bleiben, wenn sie an verschiedenen Orten tätig sind. Das Gerät ist mit hohen Sicherheitsvorkehrungen gegen unbefugtes Abhören ausgestattet und trägt keinerlei Beschriftung, um unautorisierter Benutzung vorzubeugen. Ein Schallabsorber hilft, im Außeneinsatz unentdeckt zu bleiben.

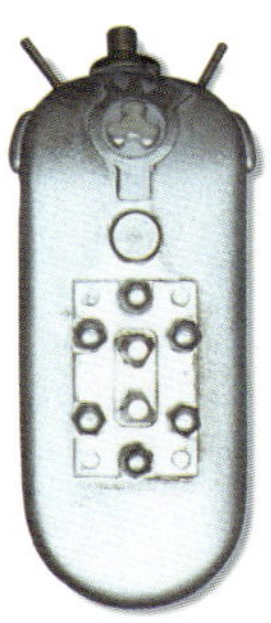

COMLINK (HINTERANSICHT)

TOYDARIANISCHE PROBLEME
Manche Spezies sind immun gegenüber den „Jedi-Mentaltricks", sofern diese nicht von den erfahrensten Meistern eingesetzt werden. Qui-Gon Jinn hat noch nie von den Toydarianern gehört, bis er Watto begegnet. Er erkennt bald, daß er mehr als nur von der Macht unterstützte „Empfehlungen" braucht, um den Schrotthändler zur Zusammenarbeit zu bewegen.

Als Qui-Gon Anakin kennenlernt, glaubt er in ihm jenes Wesen zu erkennen, das einer Prophezeiung zufolge der Macht wieder zu Gleichgewicht und Harmonie verhelfen soll. Qui-Gon ist sich seiner Sache so sicher, daß selbst die warnenden Mitglieder des Hohen Rates, darunter der einflußreiche Yoda, ihn nicht von seiner Überzeugung abbringen können.

Qui-Gon erwarb sich den Rang eines Meisters, als er seinen ersten Padawan-Lehrling zum Ritter ausbildete. Sein zweiter Lehrling indes schaffte die Prüfung nicht. Obi-Wan ist Qui-Gons dritter Padawan und ein würdiger Schüler seines an Weisheit und Können reichen Mentors.

Auf Tatooine kämpft Qui-Gon Mann gegen Mann gegen einen Sith-Krieger. Lichtschwerter werden von den Jedi nur selten im Zweikampf benutzt; meist dienen sie der Abwehr von Blasterstrahlen. Dennoch gehören Lichtschwert-Duelle zum klassischen Trainingsprogramm eines jeden Jedi-Ritters.

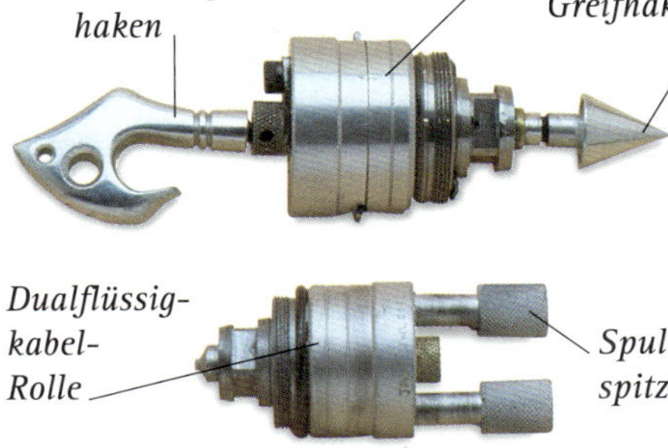

JEDI-AUSRÜSTUNG

DATENBLATT

◆ Die Jedi-Werkstätten auf Coruscant liefern den Ordens-Novizen wertvolles Material und Werkzeug für den Bau eigener Lichtschwerter, mit dessen erfolgreicher Konstruktion ein Neuling unter Beweis stellt, daß er über die erforderliche Macht-Sensitivität verfügt.

◆ Die Galaktische Republik wird durch Habgier und politische Machenschaften geschwächt. In dem Bestreben, in der Galaxis wieder dauerhaften Frieden und Sicherheit zu schaffen, drängt es Qui-Gon zu einer aktiveren Rolle, als sie traditionsgemäß von den Jedi wahrgenommen wird.

Obi-Wan Kenobi

JEDI-RITTER

OBI-WAN KENOBI hat als Padawan-Lehrling von Qui-Gon Jinn einen verantwortungsvollen Weg eingeschlagen. Ständig dem Einfluß seines Mentors sowie anderer führender Jedi ausgesetzt, weicht Obi-Wan nicht ab von seiner zu wohlüberlegtem Handeln neigenden Wesensart. Nur ungern läßt er sich in Unternehmungen verwickeln, die dem Willen des Hohen Jedi-Rates widersprechen. Obi-Wan ist ein ernsthafter Mann mit trockenem Humor, stets bemüht, sich seines Ordens würdig zu erweisen. Er betrachtet es als große Ehre, Qui-Gons Schüler zu sein, sieht es jedoch mit gewisser Sorge, daß sein Meister oft zu Risiken bereit ist, die wohl kaum die Zustimmung des Hohen Rates finden würden. Dennoch folgt Obi-Wan dem Beispiel Qui-Gon Jinns und entwickelt sich zu einer unabhängigen Persönlichkeit.

ALLZWECKGÜRTEL

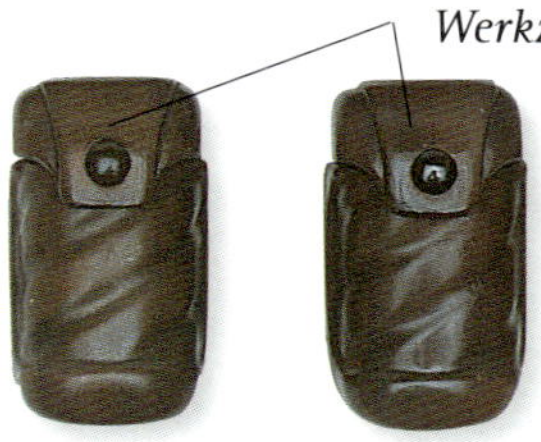

TASCHE FÜR ATEMGERÄT

EINSATZTASCHEN
Bei Einsätzen tragen Jedi eine Basispaket an Nahrungskapseln, Medikamenten, Universalwerkzeugen und anderen lebenswichtigen Dingen bei sich.

NAHRUNGS- UND ENERGIEKAPSELN

Jedi-Kleidung

Die schlichte Kleidung der Jedi, die aus einer mit einem Gürtel zusammengehaltenen Tunika, Reisestiefeln und Robe besteht, entspricht dem in der Jedi-Philosophie hochgehaltenen Ideal von Bescheidenheit. Insofern beschränken manche Jedi die Dinge, die sie an ihrem Allzweckgürtel tragen, auf ein Mindestmaß. Man lehrt die Neulinge im großen Tempel, daß das hohe Ansehen der Jedi auf innerer Stärke und nicht auf äußerem Schein beruht.

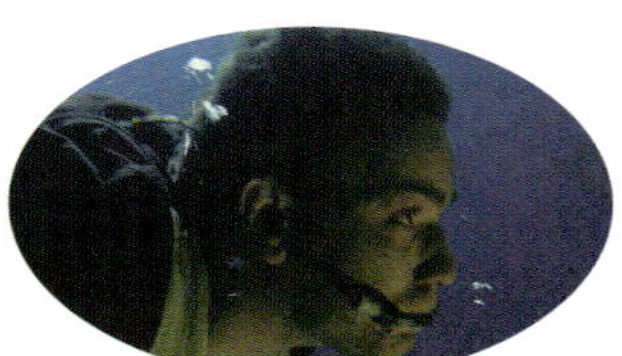

A99-Aqua-Atemgerät

In diesen Zeiten tragen viele Jedi-Ritter diverse High-Tech-Geräte in Gürteltaschen oder unter ihren Roben versteckt. Auf ihrer Mission nach Naboo sind Obi-Wan und Qui-Gon Jinn mit A99-Aqua-Atemgeräten ausgestattet, da der größte Teil der Planetenoberfläche von Wasser bedeckt ist. Sie erlauben es, sich bis zu zwei Stunden unter Wasser aufzuhalten. Früher haben die Jedi auf den Einsatz technischer Hilfsmittel verzichtet und es vorgezogen, sich ausschließlich auf die eigene Findigkeit zu verlassen.

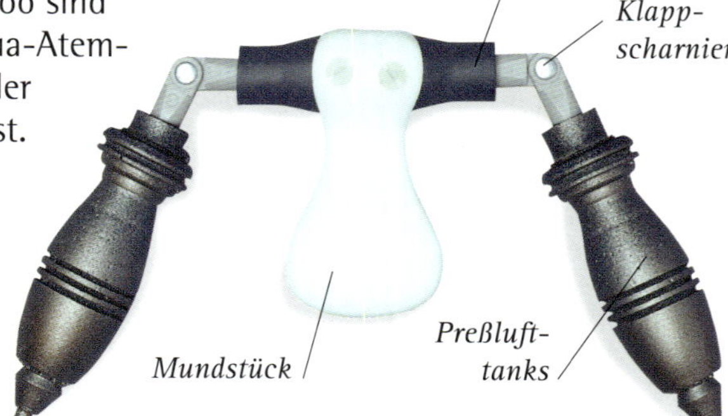

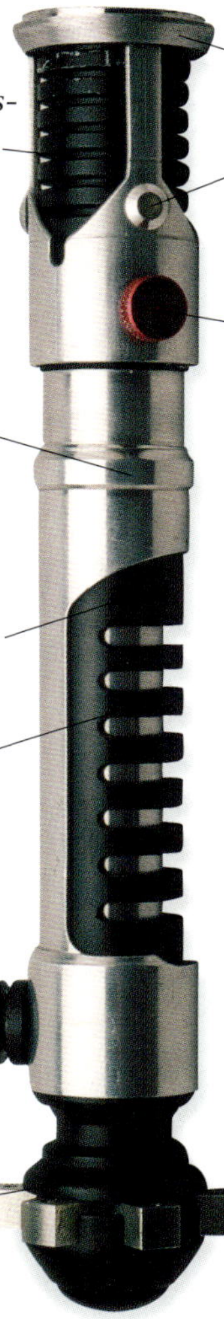

Bei den mechanisierten Kämpfern der Droidenarmee der Handelsföderation muß sich Obi-Wan im Kampf nicht in dem Maße zurückzuhalten, wie es gegenüber lebenden Gegnern geboten ist. Er nutzt daher seine Kampfausbildung, bleibt aber kühl und konzentriert.

Lichtschwert

Lichtschwerter werden alle nach demselben Grundprinzip konstruiert. Die auf Wunsch verfügbaren Regler für Klingenstärke und -länge sind klein und unauffällig. Demzufolge erscheinen die Schwerter auf den ersten Blick ähnlich; erst bei genauerer Betrachtung lassen sich feine Unterschiede erkennen. Jedes einzelne Schwert wird von den Ordensnovizen selbst hergestellt, und viele Details sind dem individuellen Geschmack überlassen. Padawan-Lehrlinge fertigen ihre Lichtschwerter so an, daß sie denen ihrer Lehrer gleichen, um ihnen auf diese Weise Respekt zu erweisen.

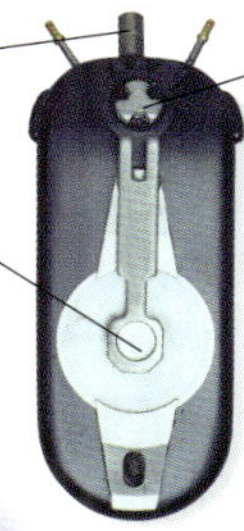

OBI-WAN KENOBIS COMLINK

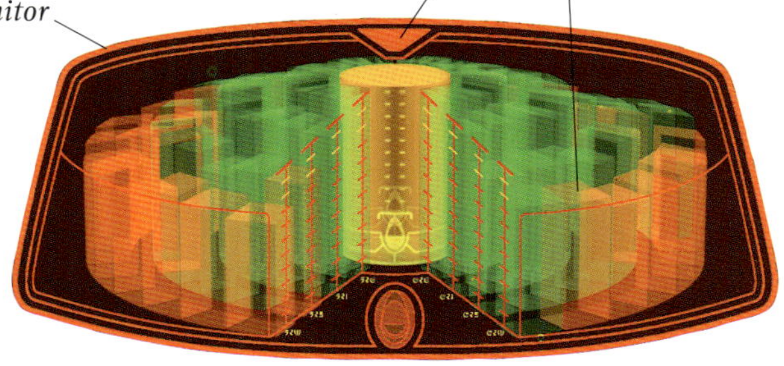

Für Obi-Wan stellt Anakin Skywalker ein unnötiges Risiko dar, sowohl als Reisebegleiter wie als potentieller Jedi. Zu Qui-Gons Befremden akzeptiert Obi-Wan Anakin jedoch als seinen Lehrling und legt damit den Grundstein für eine schicksalhafte Beziehung.

Hyperantrieb

Als der Hyperantriebsgenerator des Königlichen Raumschiffs beschädigt wird, bleibt Obi-Wan an Bord, während Qui-Gon auf die Suche nach einem Ersatzgenerator geht. Unter ständiger Regulierung der kritischen Werte bereitet Obi-Wan den Kern auf die Reparatur vor.

Obi-Wan ist ein äußerst geschickter Kämpfer mit dem Lichtschwert und damit für Darth Maul ein gefährlicher Gegner. Der Sith-Lord kämpft mit übermenschlicher Intensität, getrieben von der haßerfüllten Energie der dunklen Seite der Macht. Im Kampf auf Leben und Tod sieht sich Obi-Wan der Versuchung ausgesetzt, sich derselben Kraft zu bedienen, um seinen Feind zu besiegen.

DATENBLATT

◆ Jedi-Roben unterscheiden sich kaum von den schlichten Alltagsgewändern, wie sie überall in der Galaxis zu finden sind. Sie symbolisieren die Verpflichtung eines jeden Jedi, auch dem einfachsten Bürger zu dienen und ihm Schutz zu gewähren.

◆ Auch gegen die Meinung des Hohen Rates, bleibt Obi-Wan Qui-Gon gegenüber loyal.

Die Neimoidianer

NEIMOIDIANER werden bis zum Alter von sieben Jahren wie Larven in Gemeinschaftswaben gehalten und dort nur in beschränktem Maße versorgt. Die weniger Aktiven unter ihnen verhungern, während andere mehr Nahrung hamstern, als sie selbst verzehren können. Diese Erfahrung ist die Ursache für die Habgier und ständige Existenzangst dieser Spezies. Die Erwachsenen sind für ihre große Organisationsfähigkeit bekannt; angetrieben von dem Wunsch, Besitz anzuhäufen, haben sie die größten Wirtschaftsunternehmen der Galaxis aufgebaut. Die Handelsföderation ist eine kompliziert strukturierte Organisation von Bürokraten und Handelsbeamten, die sich in der gesamten Galaxis eingenistet hat.

NEIMOIDIANISCHE KLEIDUNG
In der auf Status ausgerichteten neimoidianischen Gesellschaft unterstreicht kostbare Kleidung den Wohlstand ihres Trägers und hebt ihn über andere Neimoidianer. Hüte, Mäntel und Umhänge ebenso wie Farben und Stoffe haben alle ihre symbolische Bedeutung.

DIE BLOCKADE VON NABOO
Der schattenhafte Darth Sidious hat einflußreiche Personen im Inneren Kreis der Handelsföderation dazu veranlaßt, aus ihrem Streben nach Profit heraus zu drastischen Mitteln zu greifen. Als der Galaktische Senat in den ehemaligen Freihandelszonen der äußeren Systeme Steuern erheben will, überredet Sidious die Neimoidianer dazu, als Vergeltungsmaßnahme eine Blockade über den Planeten Naboo zu verhängen – eine Aktion, mit der die Abschaffung der neuen Regelungen erzwungen werden soll.

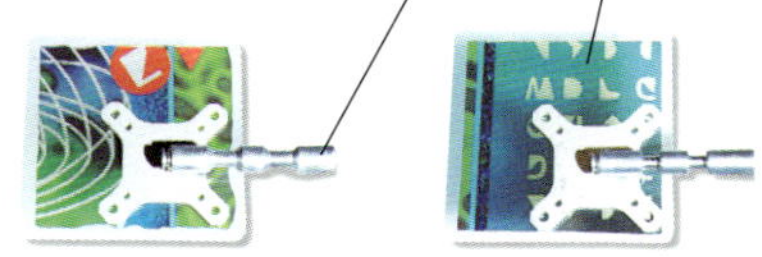

DARTH SIDIOU'S SIGNALSENDECHIPS

SHUTTLESCHLEUSEN-STERILISIERMODUL

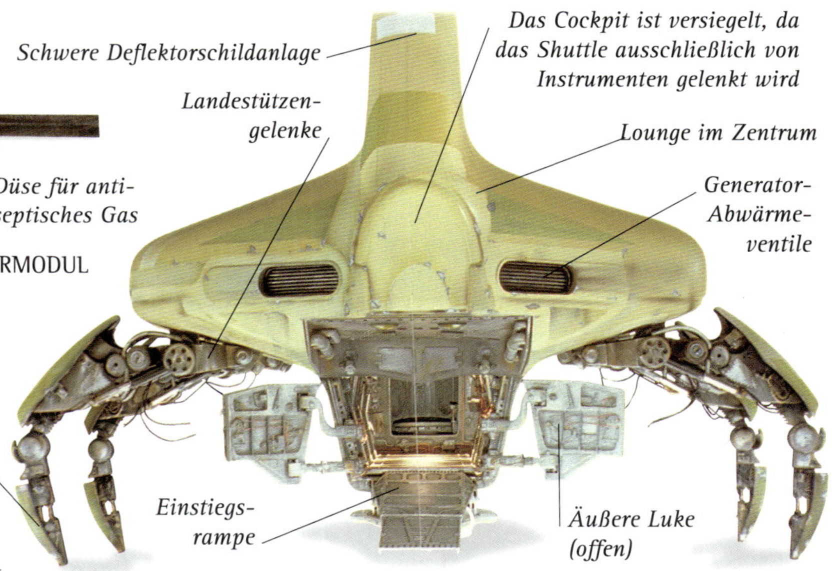

PASSAGIERBEREICH EINES NEIMOIDIANISCHEN SHUTTLES
Das an die domestizierten Riesen-Käfer von Neimoidia erinnernde Shuttle wird eingesetzt, um Handelsbeauftragte von Frachtern zu Planeten oder in die Hangars anderer Schiffe zu befördern. Die spitzen Landeklauen können nur auf ausgebautem Untergrund aufsetzen, wiewohl die Neimoidianer an Landungen in unzivilisierten Gebieten ohnehin nicht interessiert sind.

Lott Dod

Die Handelsföderation ist so mächtig, daß sie im Galaktischen Senat vertreten ist – eine unheilvolle Situation. Ihr Senator, Lott Dod, fördert die Ziele der Handelsföderation mittels raffinierter bürokratischer Winkelzüge. Selbst Dod konnte jedoch die neuen Steuern nicht verhindern, die die Profite der Handelsföderation ernsthaft gefährden.

Rune Haako

Als Arbitrageoffizier der bewaffneten Streitkräfte der Handelsföderation ist Rune Haako als Attaché und juristischer Berater Nute Gunrays tätig. Haako steht in dem Ruf, Geschäftspartner mit raffinierten bis brutalen Mitteln um ihr letztes Guthaben zu bringen.

Neimoidianer sind äußerst vorsichtig, und die Handelsföderation war stets darauf bedacht, ihre erpresserischen und manipulativen Taten mit Lügen und Beteuerungen guten Willens zu verschleiern. Sowohl Gunray als auch Haako sind besorgt, daß es wegen der offenen Aggression gegen Naboo zu Eskalationen kommen könnte.

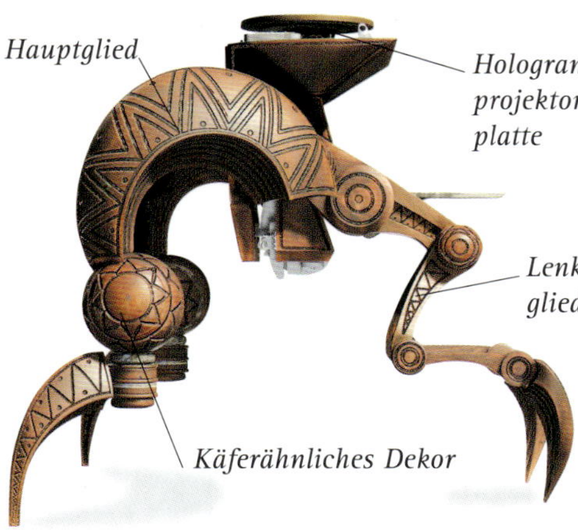

MECHNOSESSEL
Die mobilen Mechnosessel sind weder bequem noch praktisch. Da sie aber teuer sind, gelten sie als Statussymbol. Mechnosessel dienen auch als Plattform für Hologrammsendungen hochrangiger Individuen.

Nute Gunray

Als kommandierender Vizekönig der Handelsföderation besitzt Nute Gunray große Autorität. Stets zu Täuschungsmanövern bereit, würde er jeden töten, der seinen Zielen im Wege steht. Gunray steuert die Aktionen der geheimen Flotte von der Brücke des Flaggschiffs aus.

DATENBLATT

◆ Das Organisationstalent der Neimoidianer ist kulturell bedingt. Sie wachsen auf ihrer Heimatwelt Neimoidia in Massenwaben heran und betreiben dort riesige Pilzfarmen.

◆ Frachter der Handelsföderation sind ein vertrauter Anblick im Orbit zahlreicher zivilisierter Welten.

Die Invasionsflotte

ALS ES DER Handelsföderation nicht gelingt, die Königin von Naboo durch eine Blockade gefügig zu machen, bereitet sie sich auf ihren nächsten Schritt vor: die Invasion. Darth Sidious überredet den neimoidianischen Vizekönig Nute Gunray, eine geheime Armee in Stellung zu bringen. Die Naboo erahnen das Ausmaß dieser Streitmacht nicht, und die neimoidianischen Anführer begehen diese ruchlose Tat im Vertrauen darauf, daß die führungsschwachen Mitglieder des Galaktischen Senats keine Einwände erheben werden. Bei seinen Plänen unterstützt wird der Vizekönig von dem feigen Captain des Kommandoschiffs der Kriegsflotte, Daultay Dofine, sowie von Droidensoldaten und mächtigen Schlachtschiffen.

Daultay Dofine erstattet Vizekönig Nute Gunray Meldung.

Eine Flotte spezieller C-9979-Landungsschiffe bringt die Invasionsstreitmächte zu ihren Einsatzpunkten auf Naboo. In ihren Rümpfen und Repulsortragflächen können Panzerfahrzeuge und ganze Truppen untergebracht werden. In Dreiergruppen abgesetzt, werden so sämtliche Naboo-Städte voneinander abgeschnitten.

Daultay Dofine

Captain Daultay Dofine hat seine Karriere seiner adeligen Herkunft, hinterhältigen Tricks und Speichelleckerei gegenüber Vorgesetzten zu verdanken. Tatsächlich erscheinen Dofine die kühnen Pläne Darth Sidious für seinen Geschmack zu gefährlich. Er soll jedoch bald erkennen, daß sein Geschmack ohne Belang ist.

MTTs werden in Position gebracht, wo sie auf vorprogrammierten Routen dahindonnern.

Obwohl die Kriegsfahrzeuge der Handelsföderation vor ihrem Einsatz auf Naboo nur in Übungen und kleineren Gefechten erprobt wurden, ist ihre Lackierung bereits stark zerkratzt. Das beweist, daß die Neimoidianer selbst in diesem höchst ertragreichen, lang vorbereiteten Unternehmen stets die kostengünstigste Lösung suchen.

DATENBLATT

◆ Truppenübungen und Einsätze gegen Piraten dienten dazu, die Schlagkraft der Geheimarmee zu erproben und sicherzustellen, daß die Streitmacht wirklich unbesiegbar ist . . . wie es schien.

◆ Die wohlhabenden, arroganten Neimoidianer sind bemüht, jeder Art von Arbeit aus dem Wege zu gehen. Sie setzen statt dessen lieber Droiden ein.

Protokolldroide TC-14 versucht, das unsaubere Spiel zu ignorieren, das sich gegen die Jedi-Gesandten des Obersten Kanzlers zusammenbraut. Als die Besucher mit Giftgas angegriffen werden, will TC-14 nicht im Wege stehen und entschuldigt sich bei den Kampfdroiden vor dem Besprechungszimmer.

Naboo-Pilot Ric Olié unterschätzt die Zahl der Blastergeschütztürme der Kriegsfrachter und geht in dem Versuch, dem feindlichen Feuer auszuweichen, auf Beinahekollisionskurs.

TC-14

TC-14 dient Vizekönig Nute Gunray und Rune Haako und ist bei Handelsgesprächen mit anderen Kulturen als Übersetzer tätig. TC-14 wird häufig eingesetzt, um die Gäste abzulenken, während hinter ihrem Rücken juristische Formulierungen zurechtgebogen werden.

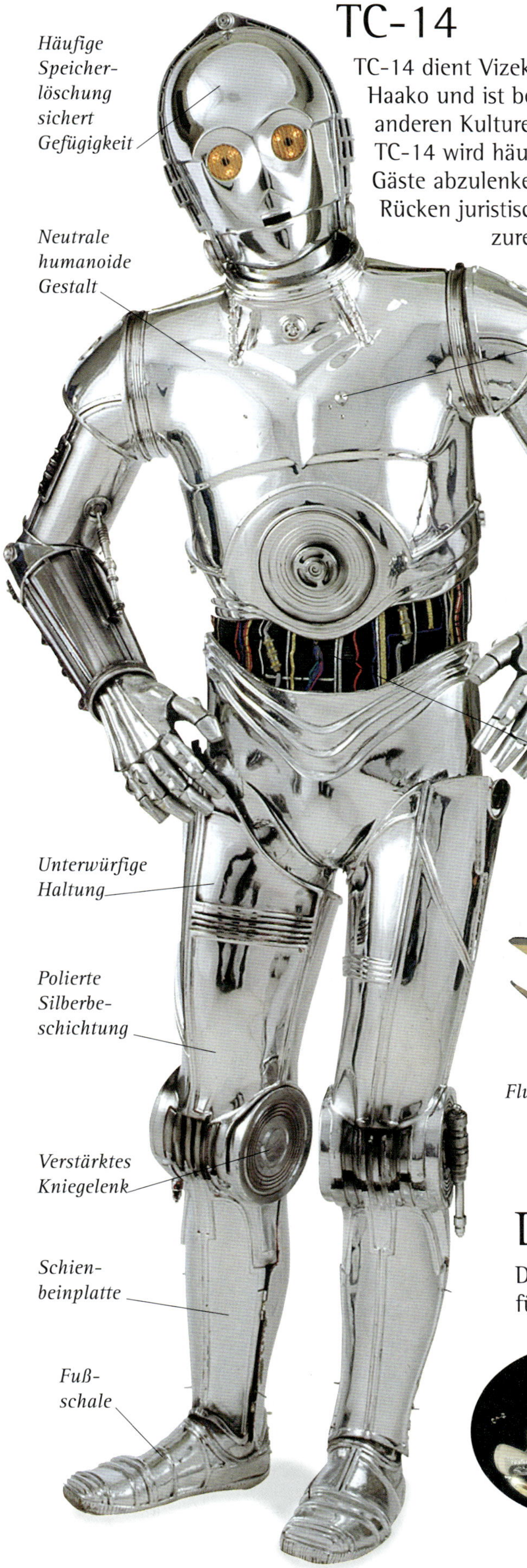

Frachter der Handelsföderation erscheinen aus der Ferne harmlos – bis die schweren Vierlingslaserbatterien zu feuern beginnen.

Kriegsfrachter

Um die Streitkräfte ihrer Armee zu befördern, hat die Handelsföderation heimlich zahlreiche Einheiten ihrer Frachterflotte zu Schlachtschiffen mit Schilden, Blasterkanonentürmen und militärischen Kommunikationsphalangen umgebaut. Diese getarnten Frachter verbergen ihre tödlichen Kampfmaschinen, bis sie sich unmittelbar über ihren Feinden befinden – oder, wie die Föderation sie lieber nennt, ihren „zukünftigen Kunden".

SEITENANSICHT

LAUFMODUS

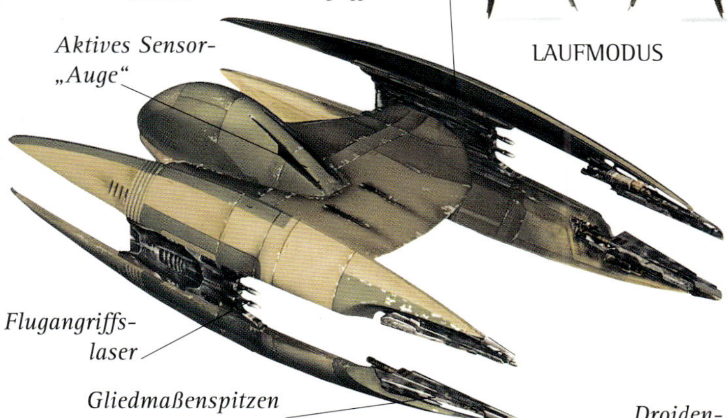

Sämtliche Einheiten der Droidenarmee werden von dem zentralen Kontrollcomputer an Bord eines modifizierten Kriegsfrachters gelenkt. Ohne das Kontrollsignal schalten die Droiden ab, ein Umstand, der das Kontrollschiff zu einem strategisch entscheidenden Ziel macht.

Droiden-Sternjäger

Die Droiden-Sternjäger, die von Xi Char Cathedral Factories für die Handelsföderation mit höchster Präzision konstruiert wurden, sind recht vielseitig. Die langen Ausleger sind ausklappbar und geben die darin verborgenen Laserkanonen frei. Auf festem Untergrund dienen sie der Fortbewegung, wenn der Jäger auf Laufpatrouillenmodus umschaltet.

Kampfdroiden

DIE GALAKTISCHE REPUBLIK hat Dissense, so manche Pattsituation und selbst Rebellionen erlebt und sich dabei stets darauf verlassen, daß die Jedi solche Konflikte beilegen. In diesem aufgeklärten Zeitalter werden nur noch wenige stehende Heere unterhalten, deren Aufgaben über zeremonielle Funktionen hinausgehen, da eine kampfbereite Armee als offene Bedrohung des galaktischen Friedens betrachtet würde. Dennoch ist, während der Republiksenat endlose Debatten über die Geschäftsordnung führt, der Einsatz von Gewalt zu einer realen Gefahr geworden. Die Handelsföderation hat in aller Stille eine riesige Droiden-Armee aufgestellt, die emotions- und kritiklos die Befehle ihrer Herren ausführt. Ihr Einsatz gegen die friedlichen Bewohner von Naboo kündigt das Ende einer langen Epoche des Friedens in der Galaxis an.

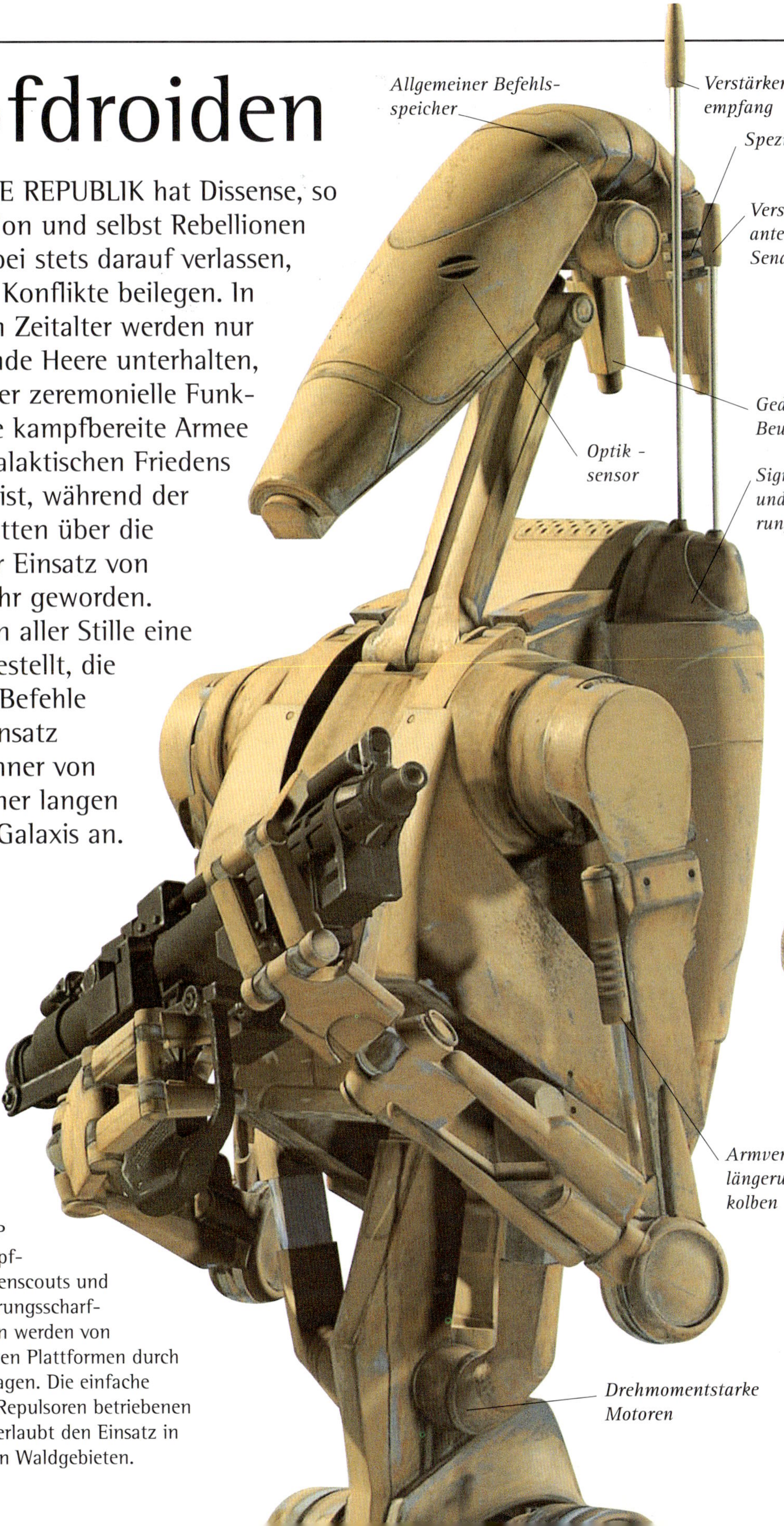

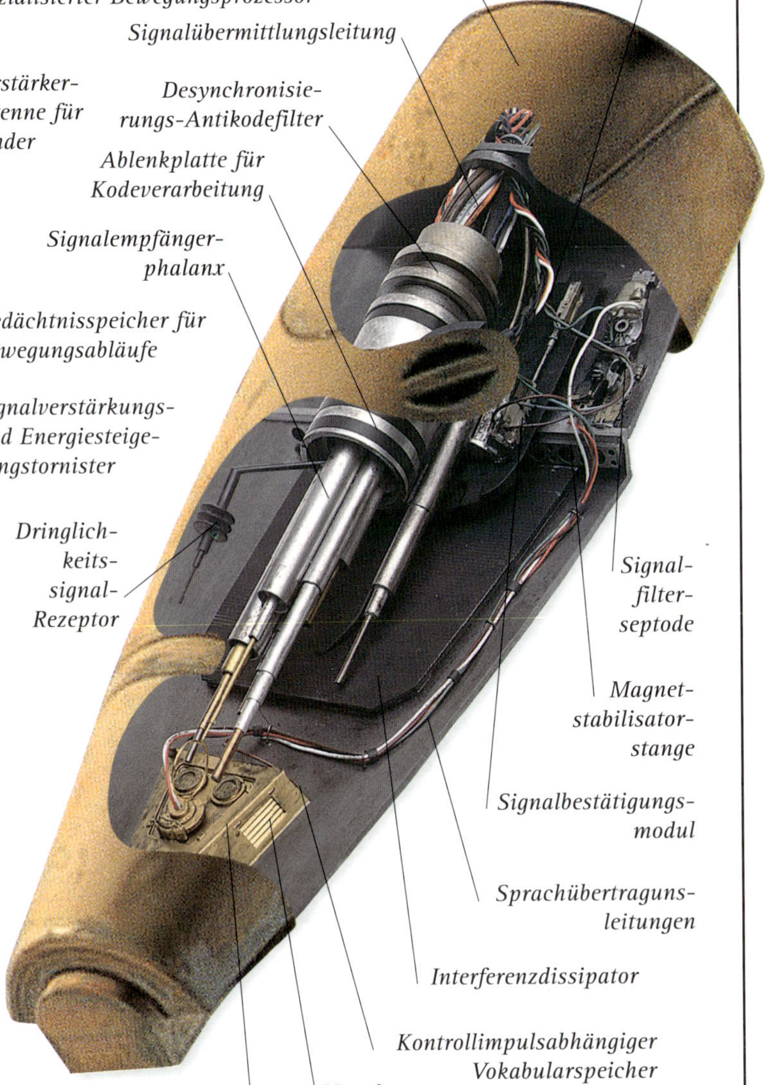

STAP
Kampfdroidenscouts und Säuberungsscharfschützen werden von bewaffneten Plattformen durch die Luft getragen. Die einfache Bauweise der von Repulsoren betriebenen STAPs (Single Trooper Air Platforms) erlaubt den Einsatz in für größere Fahrzeuge unzugänglichen Waldgebieten.

Kampfdroidenkopf

Ein Kampfdroide ist nicht mit einem eigenen Gehirn ausgestattet; sein Kopf enthält wenig mehr als einen empfindlichen Empfänger für Kontrollsignale. Kleine Prozessoren sammeln Bewegungsinformationen und einige sensorische Daten, die an die Computerkontrolle zurückgesendet werden.

Kampfdroiden-Blaster

Da Kampfdroiden mit tödlichen Blastern ausgerüstet werden, sieht ihre Bauweise individuelles Denken nicht vor. Sie werden ausschließlich vom zentralen Kontrollcomputer gelenkt und besitzen nicht die Fähigkeit, spontan zu reagieren oder aus Erfahrung zu lernen. Kampfdroiden können zwar tödlich sein, verfügen aber nur über geringe Treffsicherheit.

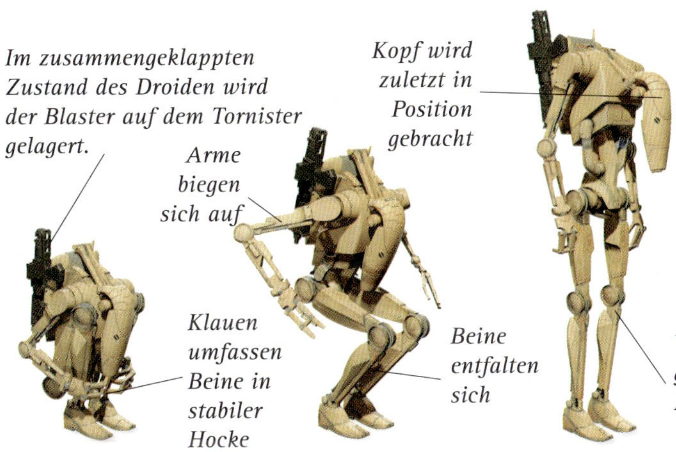

SICH ENTFALTENDER DROIDE
Zur zweckmäßigen Lagerung sind Kampfdroiden so gebaut, daß sie sich auf engstem Raum zusammenklappen lassen. In komprimierter Konfiguration können im Aufmarschträger eines MTTs 112 Droiden befördert werden.

Kampfdroiden sind den Skeletten neimoidianischer Körper nachempfunden. Wenn neimoidianische Leichen nicht begraben oder verbrannt werden, schrumpft ihr Hirnmantel hinter der Schädelkuppe zusammen, und die nasenlosen Gesichter verzerren sich in eine charakteristische Form. Diese bösartig wirkende Todesmaske stand Pate für die Gesichtszüge der Droiden.

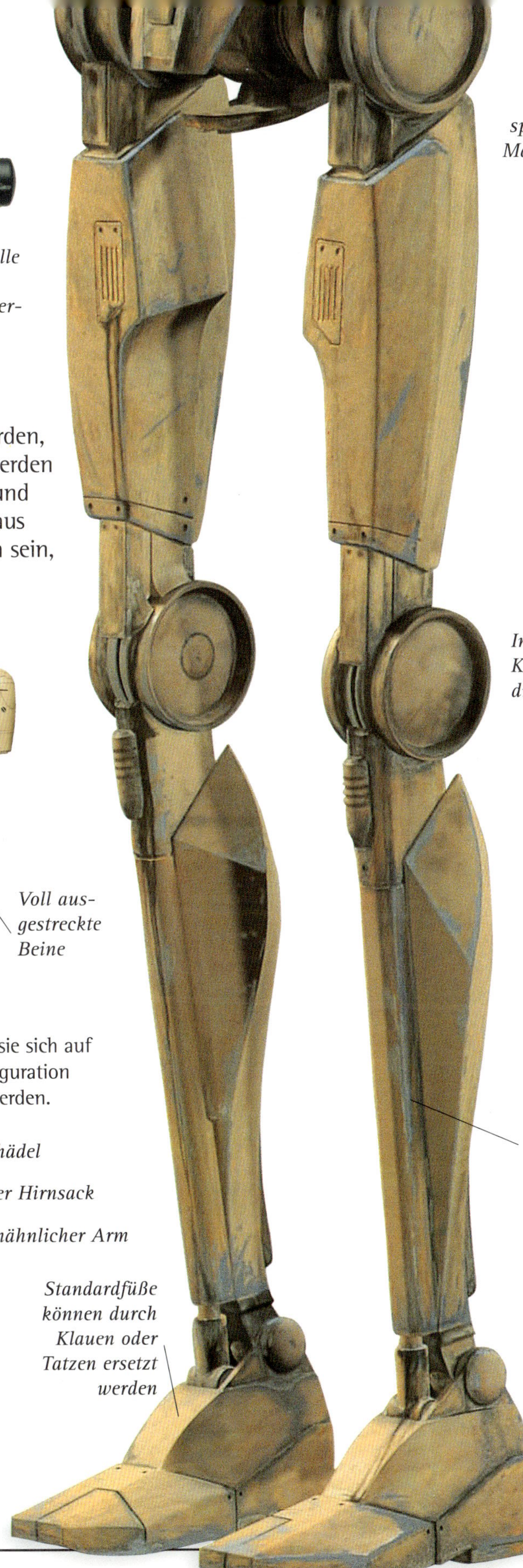

Kommando-Offizier

Um die Kommunikation zwischen Handelsföderation und Feldtruppen zu vereinfachen, werden gewisse Kampfdroiden wie etwa der OOM-9 als Kommando-Offiziere eingesetzt. Diesen Offiziersdroiden werden Befehle über Primärkanäle von den Prozessoren des zentralen Kontrollcomputers übermittelt.

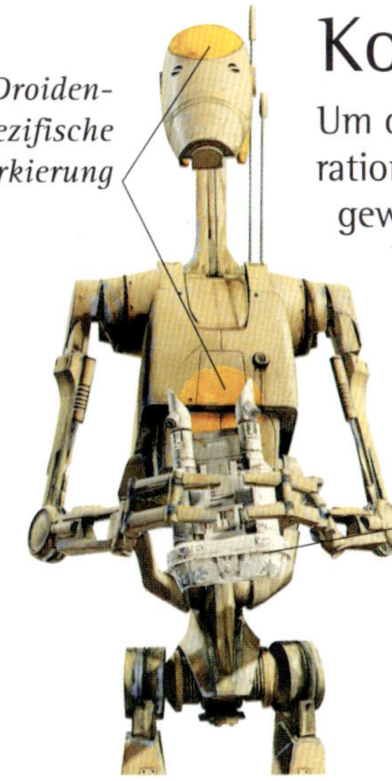

OOM-9

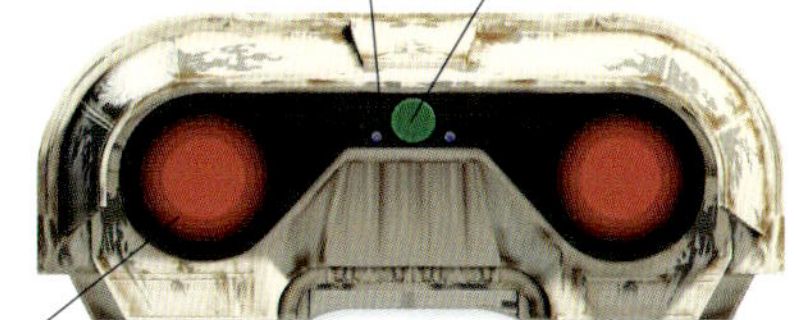

OFFIZIERS-MAKROBINOCULAR

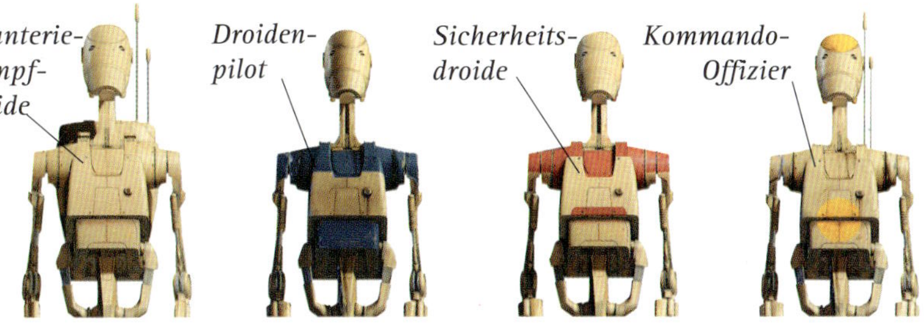

DROIDENTYPEN
Kampfdroiden sind unabhängig von ihrer Funktion strukturell identisch. Zur Effizienzsteigerung werden sie jedoch mit spezialisierten Subroutinen vorprogrammiert. Infanterie- und Offiziersdroiden sind mit Energietornistern ausgestattet, um ihren Operationsradius zu steigern und die Aufladeintervalle auszuweiten.

ZIFFERN IN GALAKTISCHEM BASIC IDENTIFIZIEREN INDIVIDUELLE DROIDEN

DATENBLATT

- ◆ Infolge fehlender unabhängiger Denkprozessoren kennen Kampfdroiden weder Furcht noch Feigheit – und auch keine Gnade.
- ◆ Die fließenden Bewegungen der Kampfdroiden basieren auf prädigitalisierten Bewegungsabläufen lebender Soldaten. Die Datenübermittlung erfolgt über den zentralen Kontrollcomputer.

Droidekas

AUFGRUND der bekannten Schwächen der Kampfdroiden wurde die Entwicklung eines völlig neuen, wesentlich gefährlicheren Gefechtsdroiden in Aufrag gegeben. Das Design stammt von den Colicoiden, einer chitingepanzerten Spezies von einem weit entfernten Planeten, die einen Droiden nach ihrem eigenen Ebenbild schufen. Colicoiden sind für ihre Gefühllosigkeit und Gewaltbereitschaft bekannt, und Colla IV ist wegen verschwundener oder getöteter Besucher ständig in diplomatische Auseinandersetzungen verwickelt. Der Droideka war genau das, was die Offiziere der Handelsföderation wollten: Eine Killermaschine für den massiven Einsatz, die die Kampfdroiden im Falle entschlossener Gegenwehr unterstützen sollte.

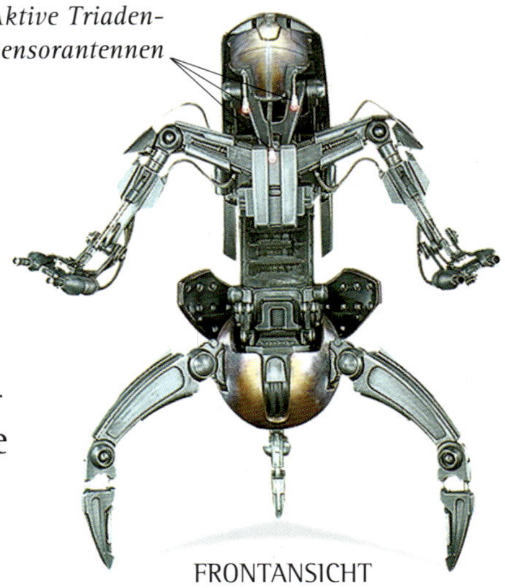

FRONTANSICHT

Bei einem Droideka-Angriff sieht sich der Gegner einem flammenwerfenden Killer gegenüber, der, sollte er lange genug überleben, um das Feuer zu erwidern, nur eine bescheidene Zielsilhouette bietet.

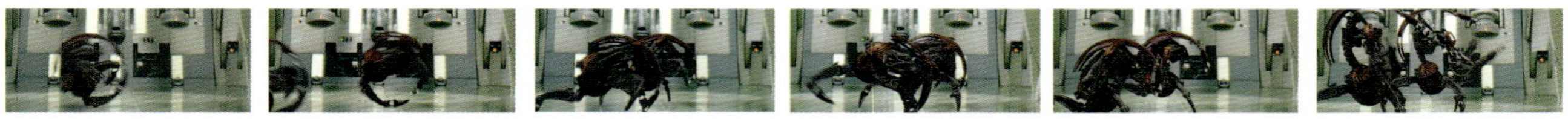

In einer Kombination aus Repulsoreffekten und Eigendynamik entfalten sich die radförmigen Droidekas binnen Sekunden zu aufrechter, angriffsbereiter Position. Die imposante Metamorphose erinnert an das tödliche Angriffsverhalten erwachsener Colicoiden und trifft den Gegner völlig unvorbereitet – was durchaus im Sinne der Hersteller liegt.

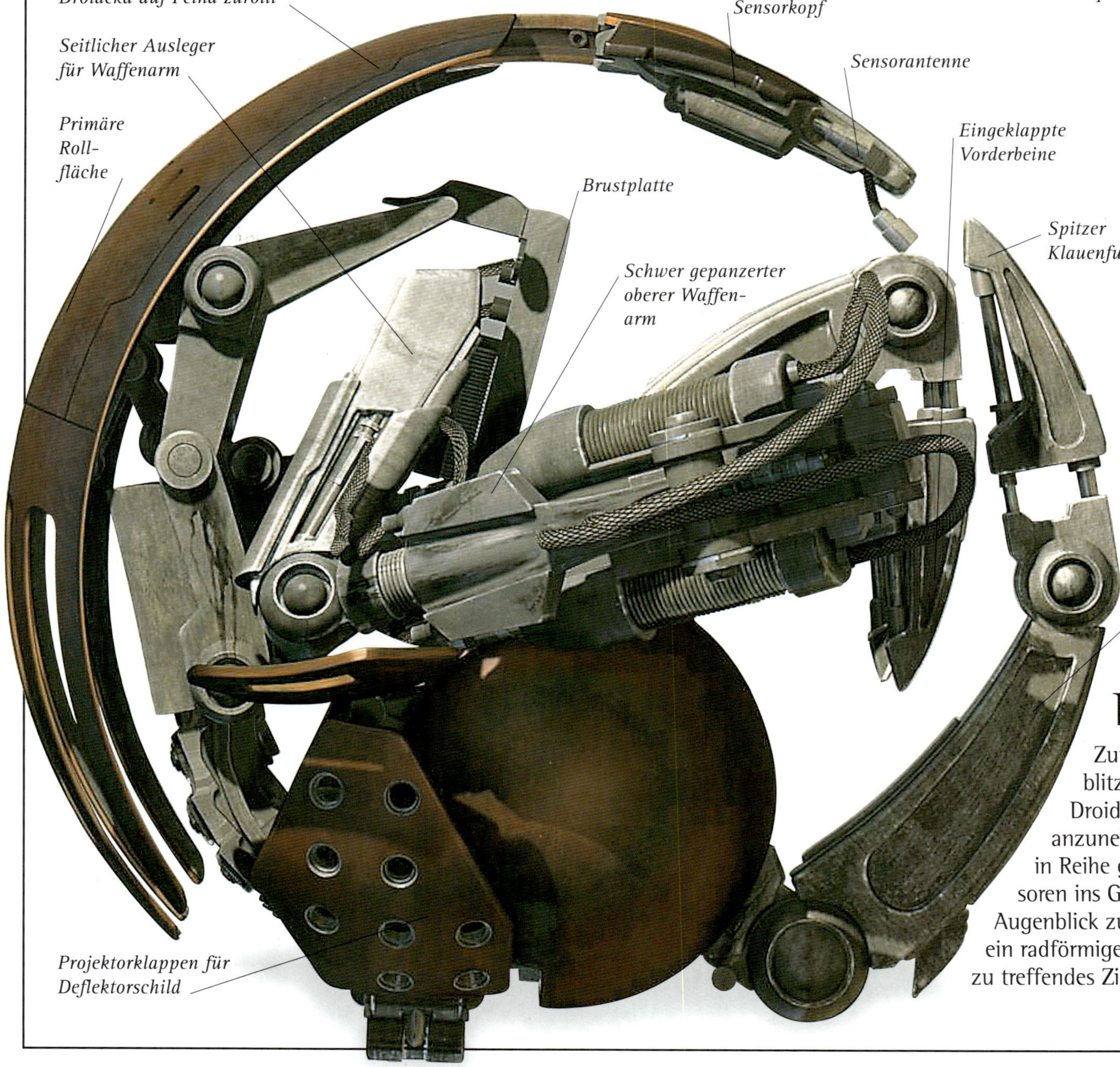

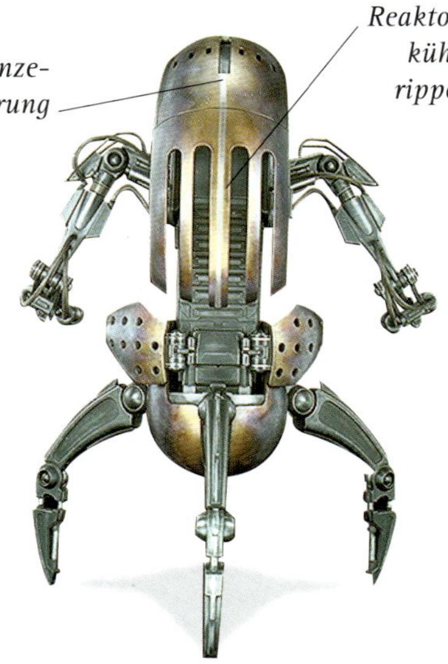

HINTERANSICHT

Verzweifelte Feinde, die versuchen, einen Droideka von hinten anzugreifen, stellen fest, daß seine Panzerung äußerst stabil ist und seine flinken Beine und Waffenarme schwer zu treffen sind.

Radform

Zum Zweck kompakter Lagerung und blitzschnellen Stellungswechsels sind Droidekas fähig, die Form eines Rades anzunehmen. Sie rollen unter Einsatz von in Reihe geschalteten internen Mikrorepulsoren ins Gefecht und öffnen sich im letzten Augenblick zu ihrer Kampfgestalt. Zudem bietet ein radförmiger Droideka ein nur äußerst schwer zu treffendes Ziel.

Qui-Gon und Obi-Wan weichen Kampfdroiden relativ mühelos aus oder zerstören sie. Als die Droidekas angreifen, können die Jedi ihnen nur eingeschränkt Widerstand leisten, und Qui-Gon erkennt, daß ihre einzige Chance die Flucht ist.

Droidekas tragen Deflektorschildgeneratoren, die Pistolenschüsse völlig abhalten und Karabinerstrahlen und hochenergetischen Artilleriebeschuß schwächen. Das macht sie im Kampf fast unbesiegbar.

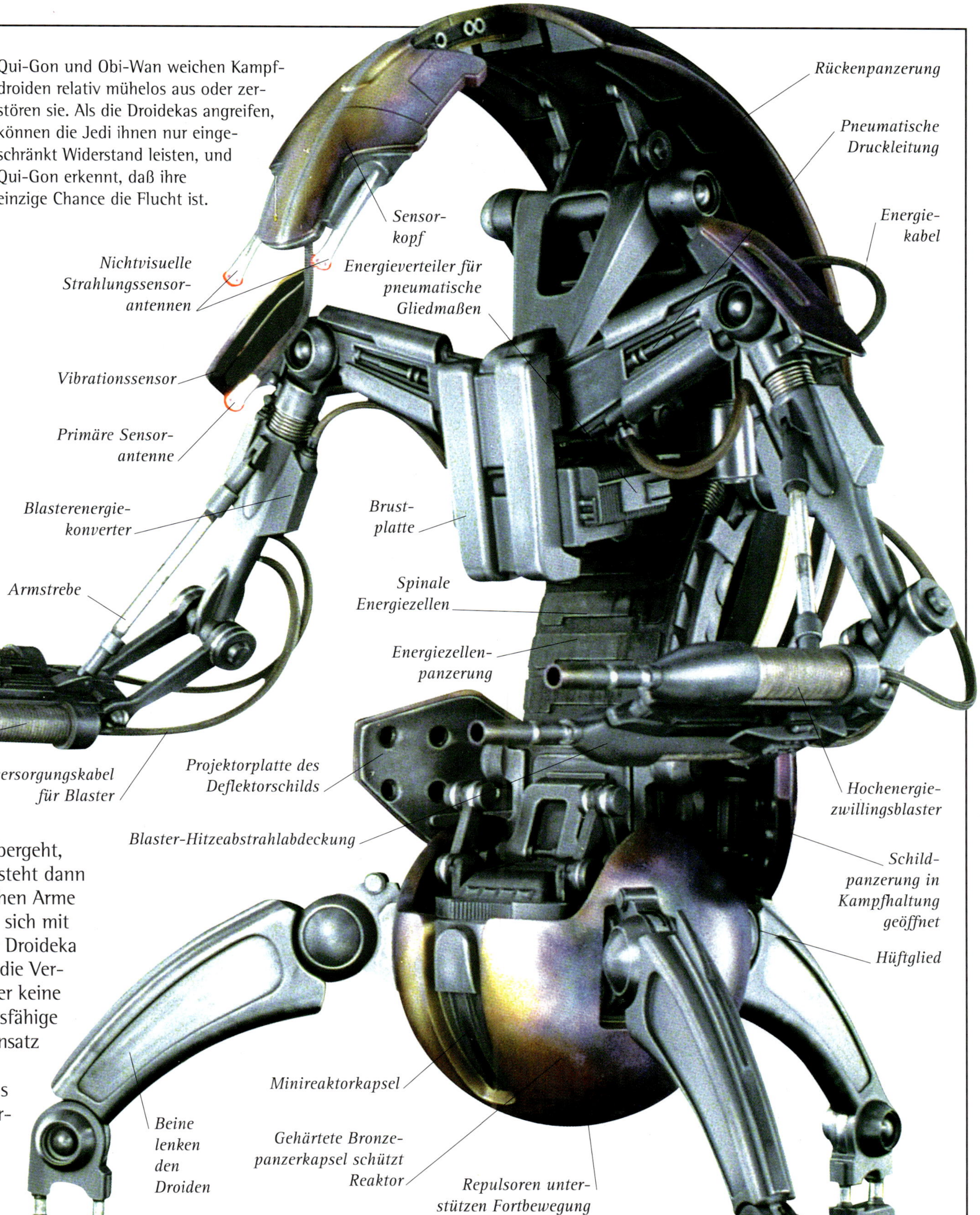

Gefechtshaltung

Wenn ein Droideka zum Angriff übergeht, entfaltet er sich in Sekunden und steht dann auf drei Beinen. Seine pneumatischen Arme klappen auf, und sein Kopf erhebt sich mit leuchtenden Suchsensoren. Da der Droideka ausschließlich für den Kampf und die Vernichtung gebaut wurde, benötigt er keine Hände. An ihre Stelle sind leistungsfähige Zwillingsblaster getreten. Im Gegensatz zu den leicht gebauten Kampfdroiden bestehen die Droidekas aus schweren Legierungen oder Panzerplatten, was sie zu einem furchtbaren Feind macht, der mühelos Dutzende von Soldaten niedermähen kann.

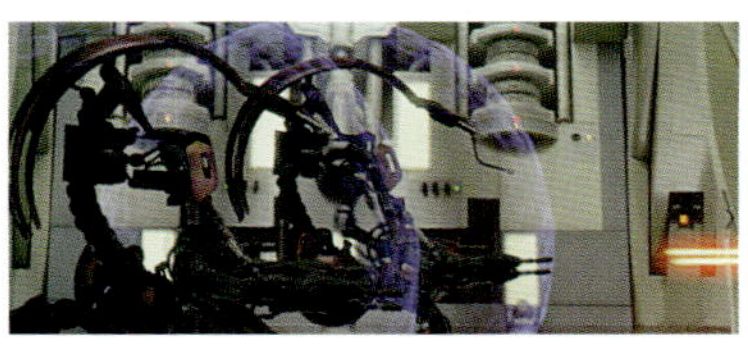

Droidekas erzeugen ihre Schutzschilde mittels interner Minireaktoren. Von diesen werden auch die leistungsstarken Bewegungssysteme und Hochenergieblaster gespeist.

DATENBLATT

◆ Wie Kampfdroiden verfügen auch Droidekas über keine unabhängige Logikprozessoren, sondern werden durch Signale des zentralen Kontrollcomputers gelenkt. Den Colicoiden gefiel dieses System nicht, und so bauten sie spezielle Droidekas mit eigenem Computergehirn.

◆ Droidekas sind in weiten Teilen der Galaxis als Zerstörerdroiden bekannt.

Königin Amidala

AMIDALA regiert das Volk von Naboo als vierzehnjährige Königin. Die außergewöhnlichen Fähigkeiten der in einem Bergdorf aufgewachsenen Amidala wurden schon früh erkannt und, man ließ ihr die bestmögliche Ausbildung angedeihen. Im Alter von zwölf Jahren wurde sie Prinzessin von Theed, der Hauptstadt von Naboo. Nach Abdankung des Souveräns Veruna, der nach dreizehn Regierungsjahren an außenpolitischen Verwicklungen scheiterte, wurde Amidala zur Königin ausgerufen. Die Naboo wußten, daß Amidala sich ihre Interessen zu Herzen nehmen würde – ahnten jedoch nichts von der drohenden Krise.

Thronsaalrobe

Um trotz ihrer Jugend ihrer Rolle gerecht zu werden, trägt Amidala die traditionelle königliche Kleidung und das bei Hofe übliche Make-up. Ihr formelles Auftreten im Thronsaal verschafft ihr den Ruf einer standhaften und professionellen Herrscherin, gleichzeitig eine Warnung an all jene, die dazu neigen, sie wegen ihres jugendlichen Alters zu unterschätzen.

Amidala auf ihrem Thron im Palast von Theed bei der Anhörung ihres Beraterkreises. Sie erweckt Vertrauen, auch bei erfahrenen, kampferprobten Männern wie Captain Panaka.

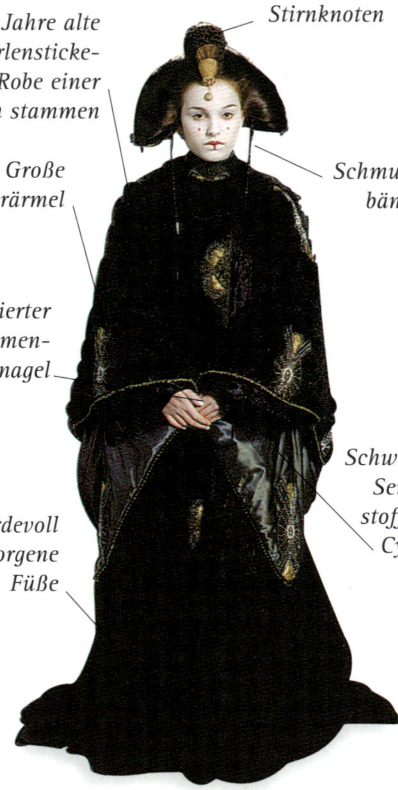

ROBE FÜR STAATSBESUCHE
Auf Coruscant trägt Amidala, dem Ernst ihrer Lage entsprechend, eine dunkle Robe für Staatsbesuche. Sie versinnbildlicht Amidalas Trennung von Naboo und die große Gefahr, der ihr Volk ausgesetzt ist.

AMIDALAS REISEROBE

Wenn Königin Amidala zu fernen Planeten reist, nutzt sie den geräumigen Thronsaal im Königlichen Raumschiff. Dabei steht sie mit ihren Beratern auf Naboo, insbesondere mit Gouverneur Sio Bibble mittels Holoprojektor in Verbindung.

GOLDVERZIERUNGEN

Die Roben der Königin sind mit vielen Kostbarkeiten wie Perlen oder kunstvollen Bändern geschmückt, von denen viele aus den Schatzkammern des Palastes stammen.

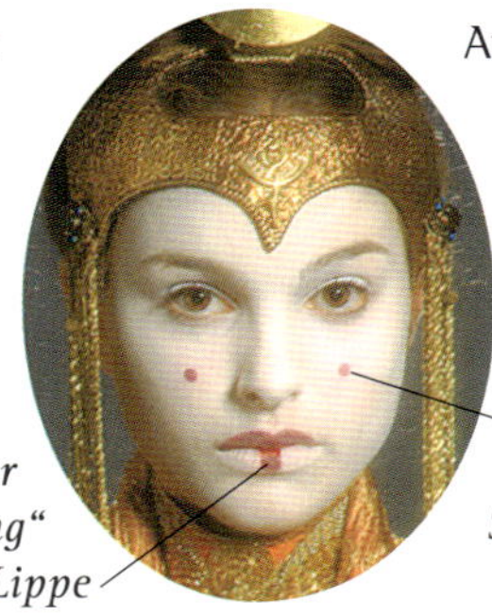

Amidalas hochstilisiertes Make-up geht auf die alten Gebräuche der Könige von Naboo zurück. Das rote „Mal der Erinnerung" symbolisiert Naboos Leidenszeit vor der Großen Ära des Friedens.

NABOO SIEGESPARADE

Senatstalar

Als Amidala im Galaktischen Senat für ihr Volk bittet, trägt sie ein außergewöhnliches Gewand und eine nicht weniger bemerkenswerte Frisur, Sinnbild für die Erhabenheit des freien Volkes von Naboo. Zudem verhilft ihr die prunkvolle Garderobe zu einem ebenso couragiert wie distanziert wirkenden Auftreten, hinter dem sie ihre wahren Gefühle verbergen kann.

Paradetalar

Nach dem Sieg über die Handelsföderation erscheint Amidala in einem Paradegewand, das sich deutlich von ihren Amtsroben unterscheidet. Die seidenen Rüschen ähneln den lieblichen Blumen in der Nähe ihres Heimatdorfs, die nur alle achtundachtzig Jahre einmal blühen und eine Zeit besonderer Feiern einleiten.

DATENBLATT

◆ Die Naboo wählen ihre Herrscher nach deren Verdienst und nicht nach Alter oder Herkunft. Königin Amidala ist nicht die jüngste Herrscherin, die je Naboo regiert hat.

◆ Amidala kann jederzeit auf den Thron verzichten, wenn sie es wünscht.

Die Zofen der Königin

DIE KÖNIGLICHEN ZOFEN dienen der Regentin loyal und unauffällig. Sie helfen mit, Amidalas königliches Image zu bewahren, und assistieren ihr beim Anlegen der kunstvollen Roben, bei den komplizierten Frisuren und traditionellen Make-ups. Außerdem beschützen sie die Herrscherin als Leibwächterinnen. Die Zofen wurden nach Kriterien der Eleganz, der Geduld, körperlicher Fitneß und ihrer Ähnlichkeit zu Amidala ausgesucht. Die Königin weiß ihre Gesellschaft sehr zu schätzen. Insbesondere hat sie sich mit der verläßlichen Sabé angefreundet, die stets einen kühlen Kopf bewahrt.

Sabé

Die wichtigste Zofe Amidalas ist Sabé, da sie in Zeiten der Gefahr als Double für die Königin agiert. Sabé wurde von Amidala darin unterwiesen, königlich aufzutreten und zu sprechen. Dennoch ist sie nervös, wenn sie diese Rolle zu spielen hat, und befürchtet, sich mit irgendeinem kleinen Fehler zu verraten.

STILVOLL REISEN
Das Königliche Raumschiff ist mit Garderobecontainern ausgestattet. Aus diesen wählen die Zofen ein prunkvolles Kleid für den Auftritt der Königin vor dem Senat.

Rabé

Trotz ihrer Jugend hat Rabé gelernt, in ihrer Rolle als königliche Zofe stets Geduld zu bewahren. Sie beruhigt Amidala und hilft ihr bei ihren exotischen Frisuren, die oft Stunden erfordern, bis die nötige Perfektion erreicht ist.

Als Königin Amidala verkleidet befindet sich Sabé, flankiert von Zofen, im Thronsaal des Königlichen Raumschiffs. Sabé hält würdevoll hof, wobei die ruhige Präsenz der Zofen sie unterstützt.

Reisegepäck

Die speziellen Garderobecontainer enthalten die Kleidung und den Schmuck der Königin. Sie sind mit Mikrogravgeräten ausgestattet, die dafür sorgen, daß die Gewänder korrekt hängen, unabhängig davon, wie der geschlossene Container gelagert wird.

Kampfkleidung

Als „Königin" trägt Sabé besondere Kampfkleidung, die ihr ein Höchstmaß an Bewegungsfreiheit erlaubt. Im Thronsaal täuscht Sabés Verkleidung den neimoidianischen Vizekönig und ermöglicht es Amidala, nach einer verborgenen Pistole zu greifen.

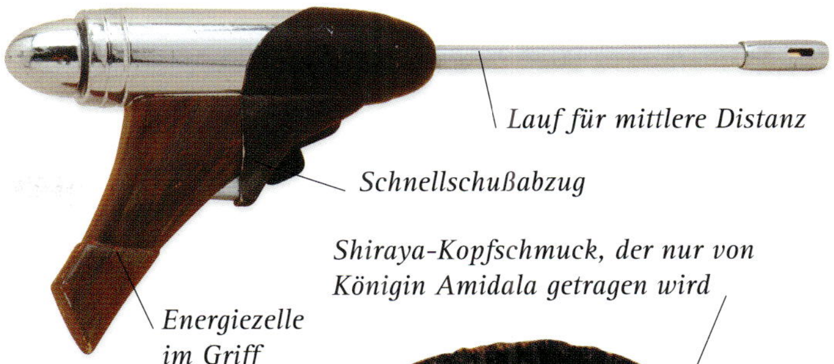

KÖNIGLICHE PISTOLE
Nach ihrer Berufung an den Hof wurden die Zofen als Leibwächterinnen ausgebildet. Jede von ihnen kann eine Pistole bedienen, um im Notfall die Königin zu verteidigen.

Eirtaé

Die Familie der Zofe Eirtaé war wohlhabend, und so ist sie mit der Hofetikette vertraut. Eirtaé hilft den anderen Zofen – und manchmal auch der Königin – in Fragen des höfischen Protokolls.

DAS GEFOLGE
Amidala trägt zu jedem offiziellen Anlaß eine eigens dafür vorgesehene Robe. Dies gilt auch für die Zofen, deren Gewänder stets eine geschmackvolle Ergänzung zur königlichen Garderobe darstellen.

DATENBLATT

- Amidalas Gefolge besteht aus fünf Zofen: Rabé, Eirtaé, Sabé, Saché und Yané.
- Rabé, Eirtaé und Sabé begleiten Amidala bei ihrer Flucht mit dem Königlichen Raumschiff, während Saché und Yané widerstrebend in Theed zurückbleiben.

Padmé Naberrie

WANN IMMER DIE KÖNIGIN in Gefahr ist, verkleidet sie sich selbst als eine ihrer Zofen und nimmt den Namen Padmé Naberrie an. Die große Ähnlichkeit unter Amidalas Zofen erleichtert es Padmé, sich unauffällig unter die Gruppe zu mischen und sich ebenso unerkannt wieder von ihr abzusetzen. Wenn Padmé die Zofenrolle übernimmt, schlüpft Sabé in die Maske der Königin und nimmt von ihr, falls königliche Entscheidungen zu fällen sind, versteckte Signale entgegen. Diese Doppel-Identität Amidalas geht auf einen Vorschlag Captain Panakas zurück, der die Königin bei ihrer Krönung mit diesem alten Palasttrick vertraut machte. Als Padmé begleitet Amidala Qui-Gon Jinn nach Mos Espa, um dort mit eigenen Augen zu sehen, welche Pläne der Jedi verfolgt.

In Mos Espa gelangt die Königin zu dem Schluß, daß ihr Qui-Gon Jinns riskante Pläne nicht zusagen, aber sie kann ihre königliche Autorität nicht einsetzen, um ihm Widerstand zu leisten. Dennoch ist ihr bewußt, daß der Jedi-Meister über langjährige Erfahrung verfügt, und so beteiligt sie sich widerstrebend an seinem Plan.

Amidalas Verkleidung täuscht fast alle, nur der neunjährige Anakin erkennt schnell, daß es mit Padmé etwas Besonderes auf sich hat. Er fühlt sich zu ihr hingezogen, und sie erwidert seine Zuneigung, ohne recht zu wissen, was sie von dem begabten Jungen halten soll.

Bauernkleidung

Als Qui-Gon Jinn beschließt, nach Mos Espa zu gehen, wird Amidala zu Padmé, um ihn im Auge zu behalten, während Captain Panaka verspricht, sich um das Schiff zu kümmern. Einfache Bauernkleidung erleichtert es ihr, als Farmerskind in der Menge unterzutauchen.

Wesentlich für Amidalas erfolgreiche Tarnung ist es, daß sie ihr weißes Gesichts-make-up entfernt. Die Leute haben sich so an das formelle Erscheinungsbild der Königin gewöhnt, daß sie die alltäglich wirkende Padmé überhaupt nicht beachten.

TALISMAN
Anakin weiß, daß die Zukunft ungewiß ist, und schnitzt deshalb ein Glücksamulett für Padmé. Er hofft, daß dieses Symbol sie trotz allem, was ihnen vielleicht widerfahren mag, an ihn erinnern wird.

DATENBLATT

◆ Padmé und Sabé kommunizieren untereinander auf indirekte Weise und pflegen eine Art Geheimsprache. Das erleichtert es Padmé, Sabés Handlungen als Königin zu lenken.

◆ In der Rolle der bescheidenen Padmé kann Amidala Dinge beobachten, die der Königin verschlossen bleiben würden.

Die Verkleidung beraubt Amidala ihrer königlichen Macht, verleiht ihr aber dafür die Freiheit, sich der öffentlichen Aufmerksamkeit zu entziehen.

NACHRICHTEN VON NABOO
Während der Reise nach Coruscant quält Padmé die Aufzeichnung von Sio Bibbles Hologrammsendung, die von einer Katastrophe auf Naboo berichtet. Eine Falle? Die Wahrheit? Oder beides? Es bedarf großer Entschlußkraft, an ihrem Plan festzuhalten und vor dem Galaktischen Senat um Hilfe für Naboo zu bitten, anstatt zu ihrem leidenden Volk zurückzukehren.

Padmé im Kampf

Padmé ist überzeugt, daß sie die Invasion beenden kann, wenn es ihr gelingt, die neimoidianischen Führer gefangenzunehmen. Ihre entschlossene Anwesenheit inmitten ihrer Soldaten macht diesen Mut und bringt ihnen schließlich den Sieg. Sabé verbleibt bis zum Ende in der Maske der Königin und verschafft ihr so in letzter Minute einen entscheidenden Vorteil.

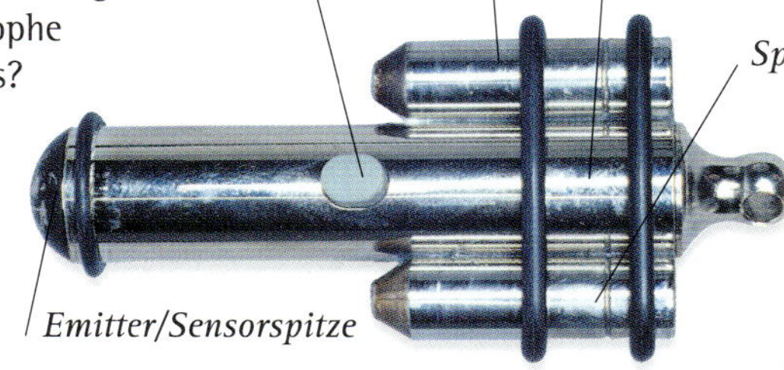

SIGNALEINHEIT

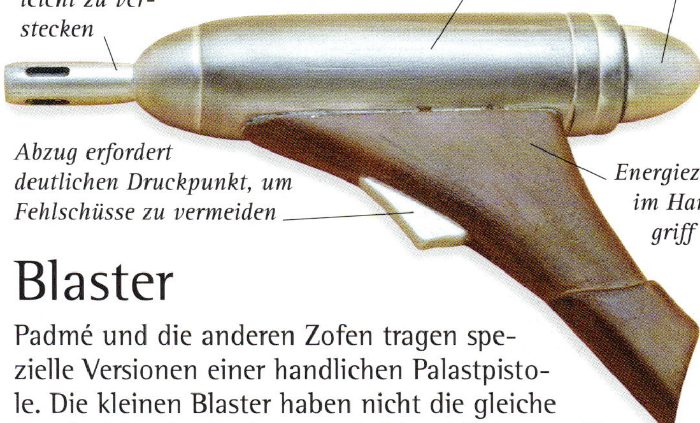

Blaster

Padmé und die anderen Zofen tragen spezielle Versionen einer handlichen Palastpistole. Die kleinen Blaster haben nicht die gleiche Durchschlagskraft wie normale Verteidigungswaffen, feuern aber Plasmabolzen ab, die tödlich sein können.

GEHEIME KOMMUNIKATION
Padmé benutzt ein Miniaturgerät, um während der Kämpfe in Theed Licht- und Datensignale an Captain Panaka zu übermitteln.

In der Stunde größter Verzweiflung offenbart Padmé dem Gungan-Herrscher Boss Nass ihre geheime Identität. Sie weiß, daß sie den sturen Gungan nur mit einem klaren Zeichen des Vertrauens für sich gewinnen kann.

RÜCKKEHR IN DEN PALAST
Zurück auf Naboo, legt Padmé Kampfkleidung an. Bei dem Angriff auf ihren eigenen Palast kämpft sie Seite an Seite mit ihren Truppen und Jedi-Verbündeten, um in den Thronsaal zu gelangen und den neimoidianischen Invasoren gegenüberzutreten. Tapfer hält sie dem Laserbeschuß stand und erwidert das Feuer, wohl wissend, daß die Kampfdroiden, die auf sie schießen, keine lebenden Gegner sind.

Die Naboo

DIE BEWOHNER NABOOS haben ihre friedliche Gemeinschaft unter dem Schutz der Republik ohne Angst vor Bedrohungen von außen entwickeln können und sind dabei zu Wohlstand gelangt. Naboo wird von einem gewählten Souverän, einem Gouverneur und einem Beraterkreis regiert, die im Palast von Theed residieren. Die Naboo leben in weit verstreuten Städten und Dörfern auf dem Hauptkontinent ihres Planeten. Die Liebe zur Kunst äußert sich in großartiger Architektur und kunstvoller Kleidung. Die Naboo sehen ihre Lebensweise als unumstößliche Selbstverständlichkeit, werden aber erkennen müssen, daß sie ein Luxus ist, den es zu verteidigen gilt.

NABOO
Der grüne Planet Naboo ist klein und von einer porösen Krustenstruktur überzogen, die von Höhlengängen durchsetzt ist.

THEED
Das Kronjuwel der Zivilisation von Naboo ist die Stadt Theed, erbaut am Rande eines Plateaus, wo der Fluß Solleu sich einem grandiosen Wasserfall entgegenschlängelt. Künstler, Architekten und Städteplaner genießen auf Naboo hohes Ansehen, und ihre herrliche Stadt legt für ihre Leistungen Zeugnis ab.

KULTURMETROPOLE
Neben dem Palast befinden sich in Theed auch die größten Bibliotheken, Museen, Heiligtümer, Theater und Konservatorien von Naboo. Alle Bauten sind im klassischen Naboo-Stil gehalten.

Sio Bibble

Als Gouverneur von Naboo trifft Bibble die Auswahl wichtiger Angelegenheiten, die der Königin zur Kenntnis gebracht werden. Er führt den Vorsitz im Beraterkreis und verhandelt in Verwaltungsfragen mit den regionalen Vertretern und Beamten der jeweiligen Stadtregierungen.

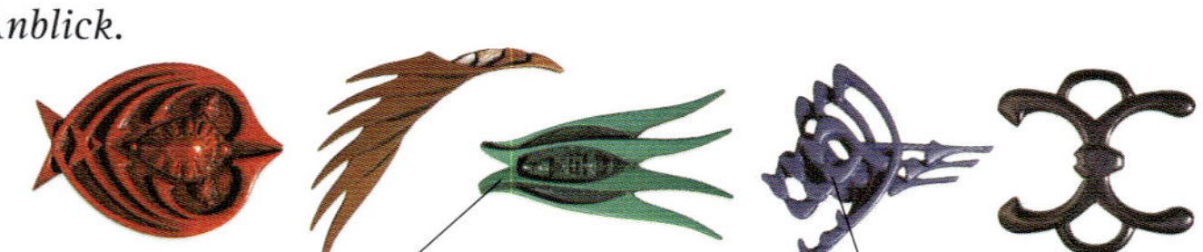

NABOO-SCHMUCK

Mit Abscheu vernimmt Sio Bibble die düsteren Warnungen Captain Panakas und dessen Ruf nach stärkerer Bewaffnung. Noch in Naboos bitterster Stunde lehnt es der aufrechte und verdienstvolle Philosoph ab, seine Überzeugungen zu verraten.

DER BERATERKREIS
Die königlichen Berater tragen der Königin wichtige Angelegenheiten vor und unterstützen sie mit ihrer Erfahrung. Die Zusammensetzung dieses Rates wechselt häufig, so daß ein weiter Kreis von Gelehrten, Künstlern und engagierten Mitgliedern an den Audienzen teilnimmt.

HELA BRANDES
MUSIKALISCHE BERATERIN

GRAF ZAPALO
WISSENSCHAFTSMINISTER

HUGO ECKENER
CHEFARCHITEKT

LUFTA SHIF
BILDUNGSMINISTERIN

Das Königliche Raumschiff

Das schimmernde Königliche Raumschiff trägt Königin Amidala auf stilvolle Weise zu Staatsauftritten. Unter Verwendung importierter Antriebsaggregate und auf Naboo gebauten Komponenten, verbindet das Schiff die Naboo-Liebe zur Kunst mit dem industriellen Potential anderer Welten.

KÖNIGLICHE PERFEKTION
Das Königliche Raumschiff unterscheidet sich grundlegend von Fahrzeugen anderer Planeten. Elegante Kurven und klare Linien zeichnen seine Innenräume aus. In für Naboo-Design typischer Weise tritt die Funktionalität gegenüber ästhetischen Erwägungen in den Hintergrund.

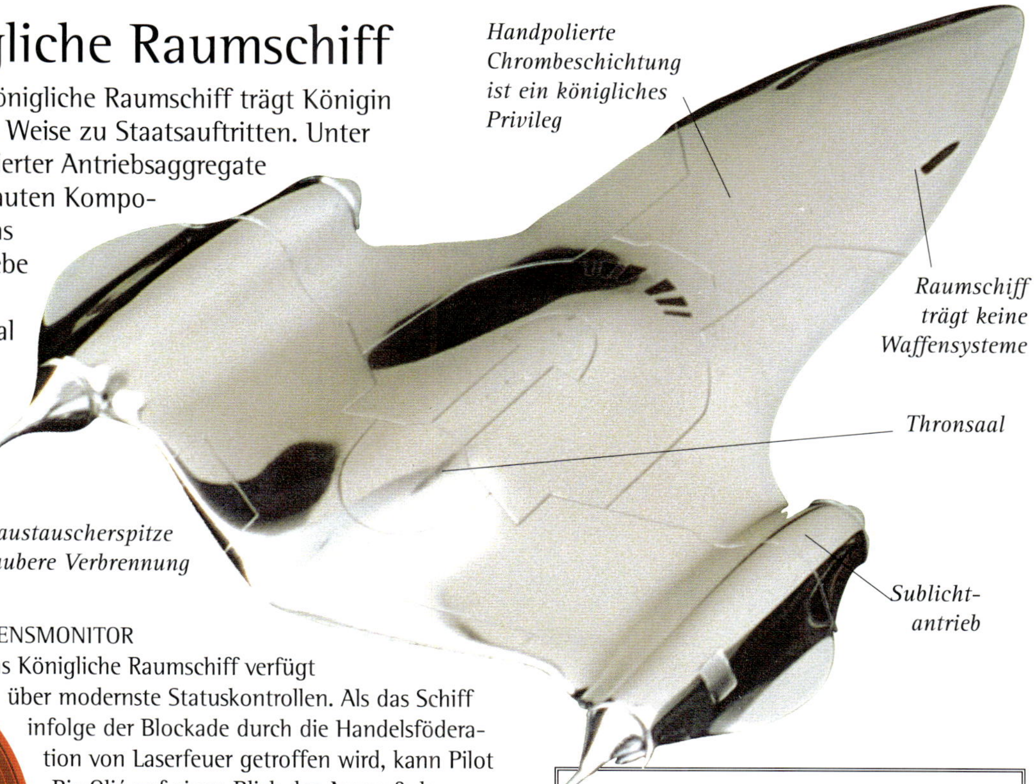

MESONEN-TALOSKOP

SCHADENSMONITOR
Das Königliche Raumschiff verfügt über modernste Statuskontrollen. Als das Schiff infolge der Blockade durch die Handelsföderation von Laserfeuer getroffen wird, kann Pilot Ric Olié auf einen Blick das Ausmaß der Beschädigungen ablesen.

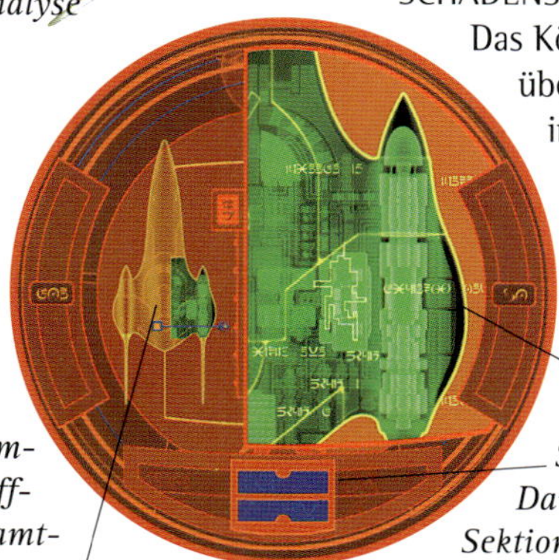

HOCHWERTIGE INSTRUMENTE
Hochpräzise Diagnoseinstrumente an Bord des Königlichen Raumschiffes ermöglichen es, eine Vielzahl von Tests durchzuführen und etwaige Probleme bereits im Ansatz zu beseitigen.

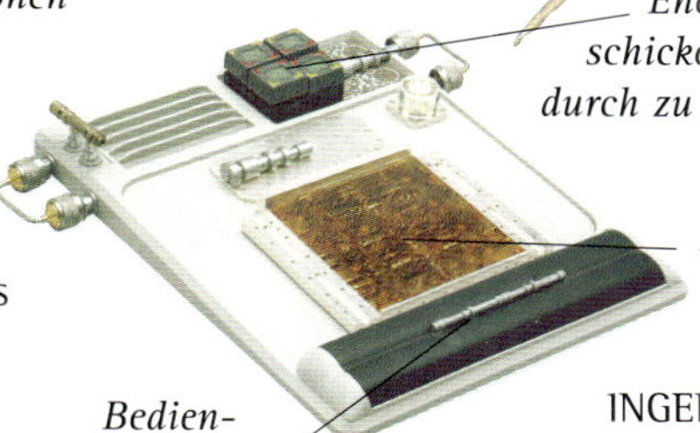

INGENIEUR-ANALYSETAFEL

DATENBLATT

◆ Geschäftsleute in den Randbezirken der Städte Naboos betreiben den für ihr Volk lebenswichtigen Handel mit den Gungans.

◆ An Bord des Königlichen Raumschiffes sind selbst einfache Dinge wie dieser Oszillations-themister im eleganten Naboo-Stil handgefertigt.

FORMALES FUTHARK
Das Alphabet der Naboo kennt eine traditionelle Schreibweise, die sich Futhork nennt, und eine formale Variante namens Futhark. Letztere basiert auf ovalen Schriftzeichen und wird für die Kennzeichnung von Raumschiffen und Frachtgütern benutzt.

Der Palast von Theed

Der königliche Palast ist das größte Gebäude in Theed. Seine Säle werden für Zusammenkünfte, Feste, künstlerische Darbietungen und Staatsempfänge benutzt. Der Palast verbindet historische Elemente mit modernen Einrichtungen wie automatischen Türen, Kommunikationssystemen und Klimaanlagen.

GESELLSCHAFTLICHER UMGANG
Kleidung dient auf Naboo auch dem Zweck gesellschaftlicher Kommunikation. Während der Blockade durch die Handelsföderation nutzen die Bürger die Symbolik der Farben, um ihre Zustimmung oder Ablehnung hinsichtlich der Politik der Königin zu bekunden.

Trügerische Gelassenheit auf den Straßen Theeds überdeckt die Spannungen, als infolge der Blockade die Nahrungsmittel knapp werden.

Captain Panaka

ALS KÖNIGIN AMIDALAS SICHERHEITSCHEF leitet Captain Panaka alle Abteilungen der freiwilligen Sicherheitsstreitkräfte und ist persönlich für Leib und Leben der Königin verantwortlich. Panaka gilt als „das schnellste Auge auf Naboo" und wurde in sein Amt berufen, nachdem sein Vorgänger, Captain Magneta, den Tod des nach der Abdankung untergetauchten Königs Veruna nicht hatte verhindern können. Verunas „Unfall" wurde vertuscht, und Magneta trat in aller Stille zurück. Panaka, der sich der zunehmenden Gefahr in der Galaxis bewußt ist, fordert stärkere Sicherheitsmaßnahmen, um Königin und Volk zu schützen. Doch der Rat überredet Amidala, sich in ihrem Handeln vom traditionellen Pazifismus Naboos leiten zu lassen. Panaka weiß nur zu gut, welche Folgen diese edle Politik haben kann. Es braucht jedoch eine Invasion, um ihm recht zu geben.

Panaka verläßt sich auch dann noch auf seine eigene Urteilskraft, als Jedi-Ritter sich einschalten. Er glaubt, daß Qui-Gon Jinns Handlungen ein Risiko für die Sicherheit der Königin und das Schicksal Naboos bedeuten.

COMLINK-HOLSTER

Panakas Sicherheitskräfte benutzen Gian-Gleiter für den Patrouilleneinsatz. Diese leichten Gefährte stellen das einzige Kriegsinventar dar, über das Panaka bei seinen Bemühungen, den Invasionsdroiden den Palast von Theed wieder zu entreißen, verfügt.

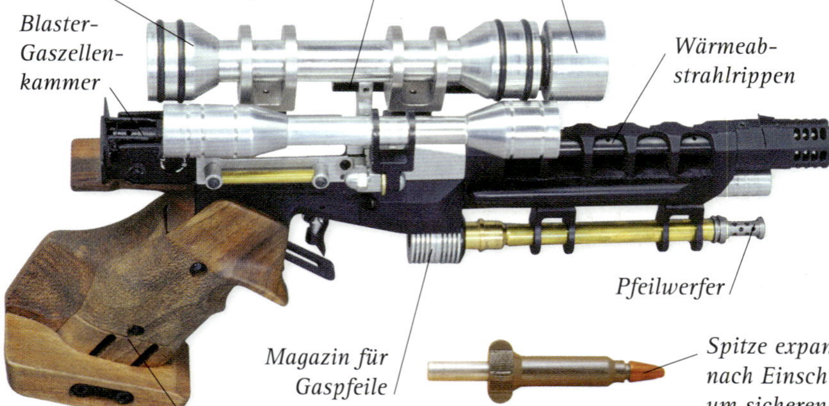

GREIFERHAKEN

COMLINK

Panaka benutzt das Comlink des Sicherheitschefs, um mit seinen Truppen in Verbindung zu bleiben. Das Gerät verfügt über separate Kanäle für störungsfreie Übertragungen.

Blaster

Die Königliche Palastgarde ist mit S-5-Multifunktionsblastern ausgerüstet. Diese Waffen feuern nicht nur tödliche Blasterstrahlen, Nadelprojektile und lähmende Mikropfeile ab, sondern können auch ein Flüssigkabel verschießen, das feindliche Soldaten umschlingt oder mittels eines Greiferhakens das Erklimmen von Mauern ermöglicht.

DATENBLATT

◆ Panaka hat sich in einer Sondereinheit der Republik beim Kampf gegen Weltraumpiraten in dem Sektor, der auch das Naboo-System enthält, Kampferfahrung erworben.

◆ Die Königlichen Naboo-Sicherheitsstreitkräfte schließen die Fußsoldaten, die Palastgarden und das Raumjägerkorps ein. Die lokale Polizei untersteht den Zivilbehörden, nicht Panaka.

Unter Einsatz ihres Lebens versuchen Panaka und seine Palastgarde die Streitkräfte der Handelsföderation aufzuhalten, um die Königin zu schützen.

Palastgarde

Die Palastgarde ist die hervorragend geschulte Leibgarde der Königin. Während die Sicherheitsgarde als Miliz fungiert, besteht die Palastgarde ausschließlich aus Elitesoldaten, die ihre Gefechtserfahrungen zumeist fern ihres Heimatplaneten gesammelt haben und dann nach Naboo zurückgekehrt sind, um ihre Königin zu schützen. Die Palastgarde verfügt zwar nur über eine geringe Mannschaftsstärke, ist aber das Rückgrat der Naboo-Sicherheitskräfte.

Sicherheitsoffizier

Die wenigen Spitzenoffiziere Panakas sind loyal, aber wenig vertraut mit echten Gefahren. Während der Invasion bemühen sie sich redlich, auf Naboo Ruhe und Ordnung zu bewahren.

Sicherheitsgarde

Die dem Befehl von Captain Panaka unterstehende Sicherheitsgarde kommt einer regulären Infanterietruppe am nächsten. Einzelne Gardisten leisten vorzugsweise Wach- und Streifendienst und unterstützen die Polizeikräfte von Theed. Obwohl die Sicherheitsgarde von Panaka gut ausgebildet wurde, ist sie der mechanisierten Armee der Handelsföderation nicht gewachsen.

Naboo-Piloten

EBENSO WIE IHRE KAMERADEN von der Sicherheits- und Palastgarde sind die Mitglieder des Raumjägerkorps eine Einheit der Königlichen Streitkräfte von Naboo. Die Piloten, Haudegen unterschiedlicher Herkunft, fliegen die speziell konstruierten N-1-Sternjäger voll Stolz. Bei ihren Einsätzen handelt es sich meist um Routinepatrouillen, Begleitschutz oder Paradeflüge. Da es auf dem friedlichen Naboo keine Kriege gibt, müssen sich die Piloten ihre Erfahrung in Einheiten der Republik erwerben. Das Naboo-Raumjägerkorps stellt keineswegs die gefährlichste Raumpiloten-Einheit der Galaxis dar. Dennoch sind sie stets einsatzbereit und stellen sich der überwältigenden Herausforderung, gegen die Armee der Handelsföderation zu kämpfen.

N-1-Sternjäger

Die N-1-Sternjäger sind mit Radialaggregaten nubianischer Herkunft ausgestattet und ihrem königlichen Status gemäß mit glänzendem Chromaufbau versehen. Die von Astromech-Droiden unterstützten Sternjäger sind schnell und wendig, neigen aber bei Maschinenschaden zu unkontrolliertem Trudeln.

SYSTEMMONITOR

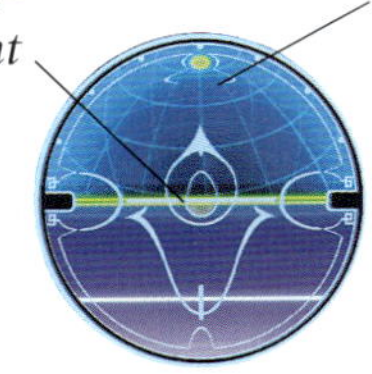

NAVIGATIONSSCAN

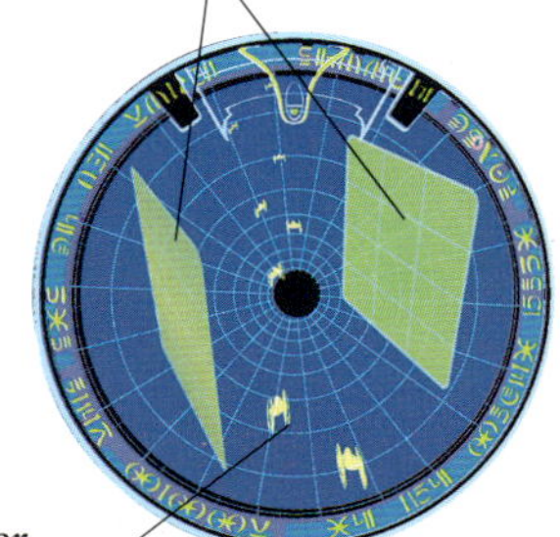

TAKTIKSCHIRM

N-1-INFORMATIONSDISPLAYS
Die Sternjäger-Piloten von Naboo überwachen ständig auf im Cockpit angeordneten Displays die Navigations- und Systeminformation.

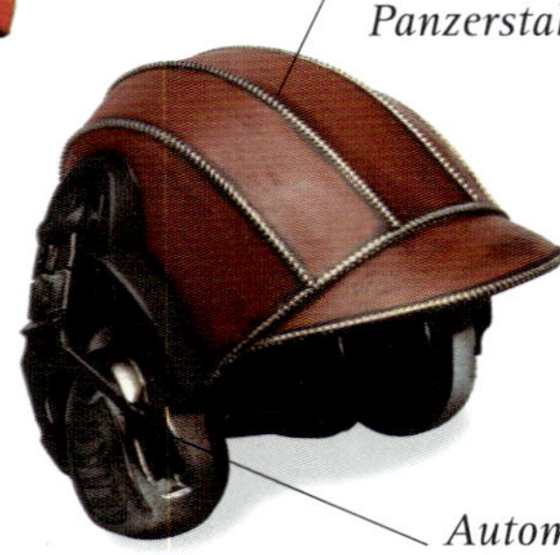

FLIEGERHELM

Ric Olié

Der beste Pilot des Raumjägerkorps von Naboo ist Ric Olié, ein langjähriger, Captain Panaka unterstellter Flieger. Ric, der alles, was auf Naboo flugfähig ist, steuern kann, hat die Ehre, der Königin als Captain ihres Königlichen Raumschiffs zu dienen. Seine Fähigkeiten als Pilot werden im höchsten Maße auf die Probe gestellt, als Olié die neimoidianische Blockade durchbrechen soll.

DATENBLATT

- Naboo-Piloten sind gezwungen, zunächst Versorgungsfahrzeuge zu fliegen, ehe sie die Erlaubnis erhalten, das Steuer eines heißersehnten N-1-Sternjägers zu übernehmen.
- Nur wenige Piloten haben die Ehre, königlichen Geleitschutz zu fliegen. Die meisten haben nie den Sektor von Naboo verlassen.

DER DROIDENFRACHTRAUM
In einem kleinen Raum auf dem untersten Deck des Königlichen Raumschiffs wartet R2-D2 auf Einsätze oder lädt sich mit anderen Astromech-Droiden zwischen einzelnen Arbeiten wieder auf. Ein Repulsorlift an einem Ende des Raums befördert die Droiden für Wartungsarbeiten am Rumpf zur Außenwand des Schiffes.

R2-D2

EIGENTLICH IST R2-D2 ein ganz normaler Arbeitsdroide mit eigenem Bewußtsein – doch in ihm steckt mehr, als sein schlichtes Aussehen vermuten läßt. R2-D2 ist einer von mehreren Wartungsrobotern, die dem Droidenlager des Königlichen Raumschiffs zugeteilt sind, wo er Sicherungen ersetzt, Drähte installiert, Böden poliert und alle sonstigen Aufgaben erfüllt, um das Schiff in perfektem Zustand zu halten. Für einen Arbeitsdroiden ist er erstaunlich ausdauernd, wenn es darum geht, ihm erteilte Aufträge zu erfüllen. Normalerweise würde derartige Hingabe kaum auffallen, aber als das Königliche Raumschiff in eine Krise gerät, wird R2-D2 unversehens zum Helden.

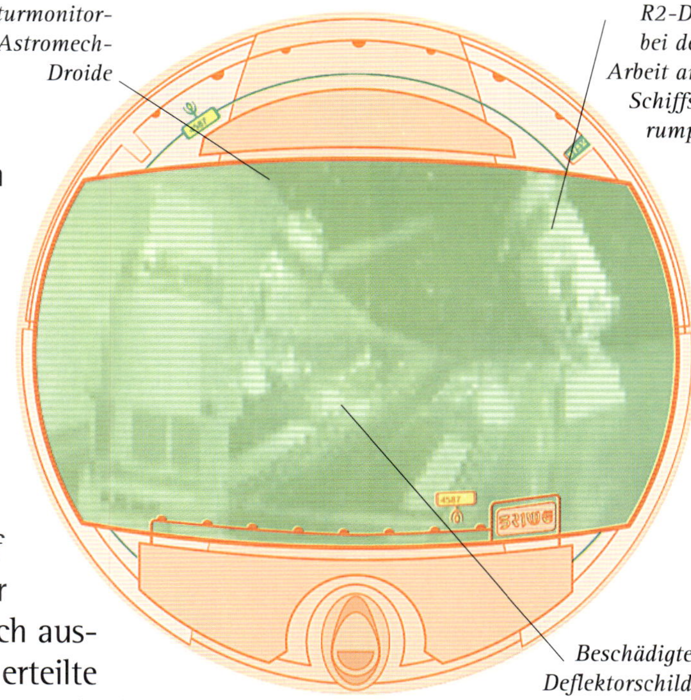

REPARATUREN WÄHREND DES FLUGES
Astromech-Droiden führen gewöhnlich eine Vielzahl mechanischer Reparaturen und routinemäßiger Datenkontrollen durch. R2-D2 tut sich solange nicht hervor, bis er es ganz allein zustande bringt, den Schildgenerator des Königlichen Raumschiffs von Naboo zu reparieren.

KOPILOT
Astromech-Droiden von Standardbauweise werden auf vielen Sternjägern als Supportsystem eingesetzt. R2-D2 begleitet Anakin Skywalker im Droidensockel eines Naboo-N-1-Sternjägers in den Kampf.

REPARATURARM
Dieser ausfahrbare Arm kann elektronische Bauteile säubern, abdichten oder ausbauen.

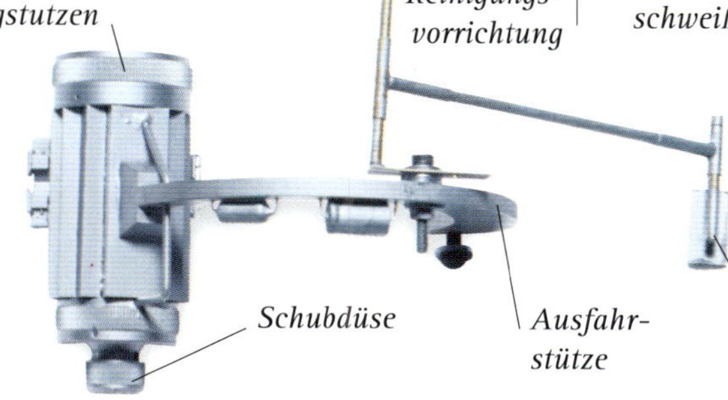

RAKETENANTRIEB
Zusätzliche Raketenantriebe erlauben R2-Einheiten, sich im freien Raum aus eigener Kraft fortzubewegen.

DATENBLATT

◆ R2-D2 gehört zum Königshaus von Naboo und wurde dem Schiff der Königin zugeteilt, als Belohnung für seine außerordentlichen Rekordleistungen.

◆ Erzwos Kopf kann ausgefahren werden und so vom Droidensockel eines Naboo-Sternjägers aus die Situation überblicken.

Jar Jar Binks

JAR JAR, ein eingeborener amphibischer Gungan von Naboo, fristet sein Dasein als unglücklicher Verbannter fernab seiner Heimatstadt Otoh Gunga. Er lebt in den Sümpfen, wo er sich von rohen Muscheln und anderem dort heimischem Getier ernährt. Seine lange muskulöse Zunge erlaubt es ihm, Mollusken aus ihren Schalen und wohlschmeckende Gumbols aus ihren Baumnestern zu holen. Während der Invasion von Naboo stößt Qui-Gon Jinn auf Jar Jar und rettet ihn. Das Ehrgefühl des schlichten Gungans bindet ihn auf Lebenszeit an Qui-Gon, obwohl der Jedi es anfänglich vorgezogen hätte, ihn wieder loszuwerden.

Zunächst sieht Obi-Wan Kenobi in Jar Jar wenig mehr als eine lästige Lebensform, die schwer wieder loszuwerden ist. Doch bald erweist sich der Gungan als nützlich, indem er den Jedis von einem Zufluchtsort unter Wasser erzählt, wo sie sich dem Angriff der Bodenstreitkräfte der Handelsföderation entziehen können.

Jar Jar selbst äußert sich nicht über die Gründe seiner Verbannung aus Otoh Gunga und darüber, daß er versehentlich den größten Teil der Villa von Boss Nass und einige angrenzenden Wohnblasen überflutet hat, als er bei einer Party bediente. Da dies nicht Jar Jars erster Unfall war, ja nicht einmal sein erster ernster Überflutungszwischenfall, hatte Boss Nass ihn unter Androhung der Todesstrafe aus seiner Stadt verbannt.

Jar Jar ist der Stadtpatrouille von Otoh Gunga wohlbekannt. Sie hat ihn in der Vergangenheit aus einigen Unannehmlichkeiten befreit – angefangen mit harmlosen Streitigkeiten um Essensrationen bis zu dem Tohuwabohu, das Jar Jar auslöste, als er versehentlich die Hälfte der Zooblasen von Otoh Gunga öffnete. Die Patrouille weiß, daß Boss Nass alles andere als erbaut sein wird, den Chaoten wieder in seinen Räumlichkeiten zu sehen.

Überlebenskünstler

Wie alle Gungans verfügt Jar Jar über ein flexibles Knorpel-Skelett. Selbst Schädel und Kinnlade sind elastisch und ermöglichen eine vielfältige Mimik. Jar Jars Charakter ähnelt seinem Körper in hohem Maße – flexibel und imstande, zuversichtlich allem Wandel des Schicksals zu trotzen. Ob in der Verbannung, ob in der Gesellschaft von Jedi oder von Personen königlichen Geblüts, stets torkelt Jar Jar frohgemut durchs Leben, auch wenn manchmal seine Emotionen ein wenig mit ihm durchgehen.

GUNGAN-HANDSCHELLEN

Als sich Qui-Gon auf der Suche nach Ersatzteilen für seinen Hyperantrieb nach Mos Espa begibt, begleitet ihn Jar Jar. Qui-Gon weiß, daß dieser seltsame Geselle ihm helfen wird, in der Menge fremdartiger Lebensformen, die die Stadt bevölkern, unterzutauchen. Jar Jar hingegen fragt sich, ob seine amphibische Haut die heißen Strahlen der Sonnen Naboos schadlos überstehen wird.

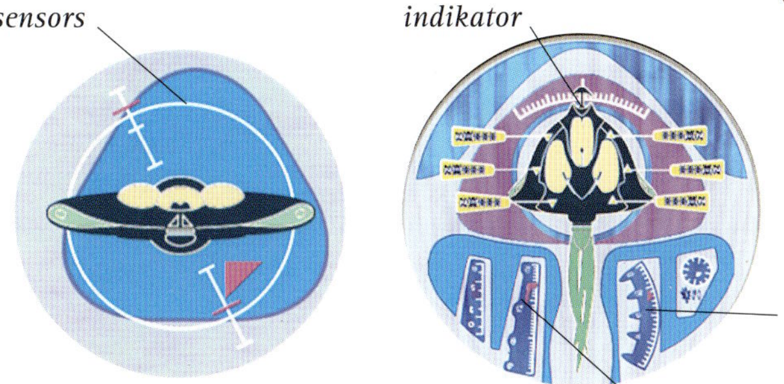

U-BOOT-MONITORE

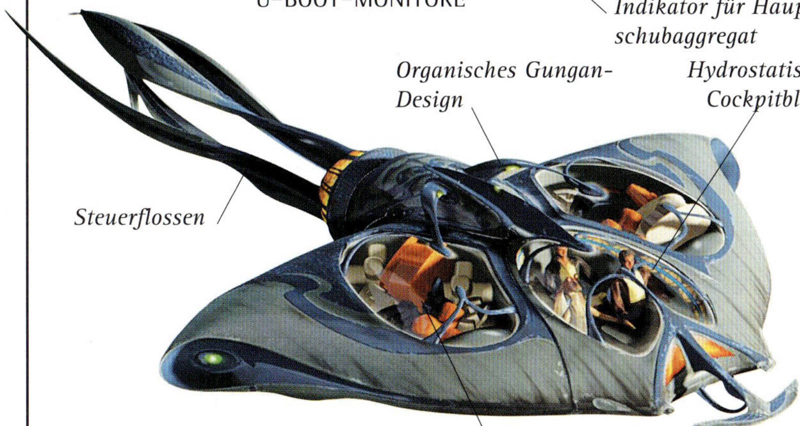

Gungan-U-Boot

Der zu Panik neigende Jar Jar ist vermutlich der schlechteste Steuermann, den die Jedi auf ihrem Weg durch die Unterwasserpassagen finden konnten, die Otoh Gunga mit Theed verbinden. Er hat sich nie mit Unterseebooten befaßt oder Interesse daran gezeigt, sich außerhalb seiner Sumpfheimat zurechtzufinden. Zu allem Überfluß hat Jar Jar entsetzliche Angst vor Tiefseeungeheuern, die in den Kavernen lauern.

Wenn Jar Jar Hunger hat, ißt er beinahe alles. Auf dem Markt von Mos Espa versucht er, einem Händler einen Bissen zu stehlen, im Vertrauen darauf, daß seine lange Zunge mit dem Brocken kurzen Prozeß machen wird.

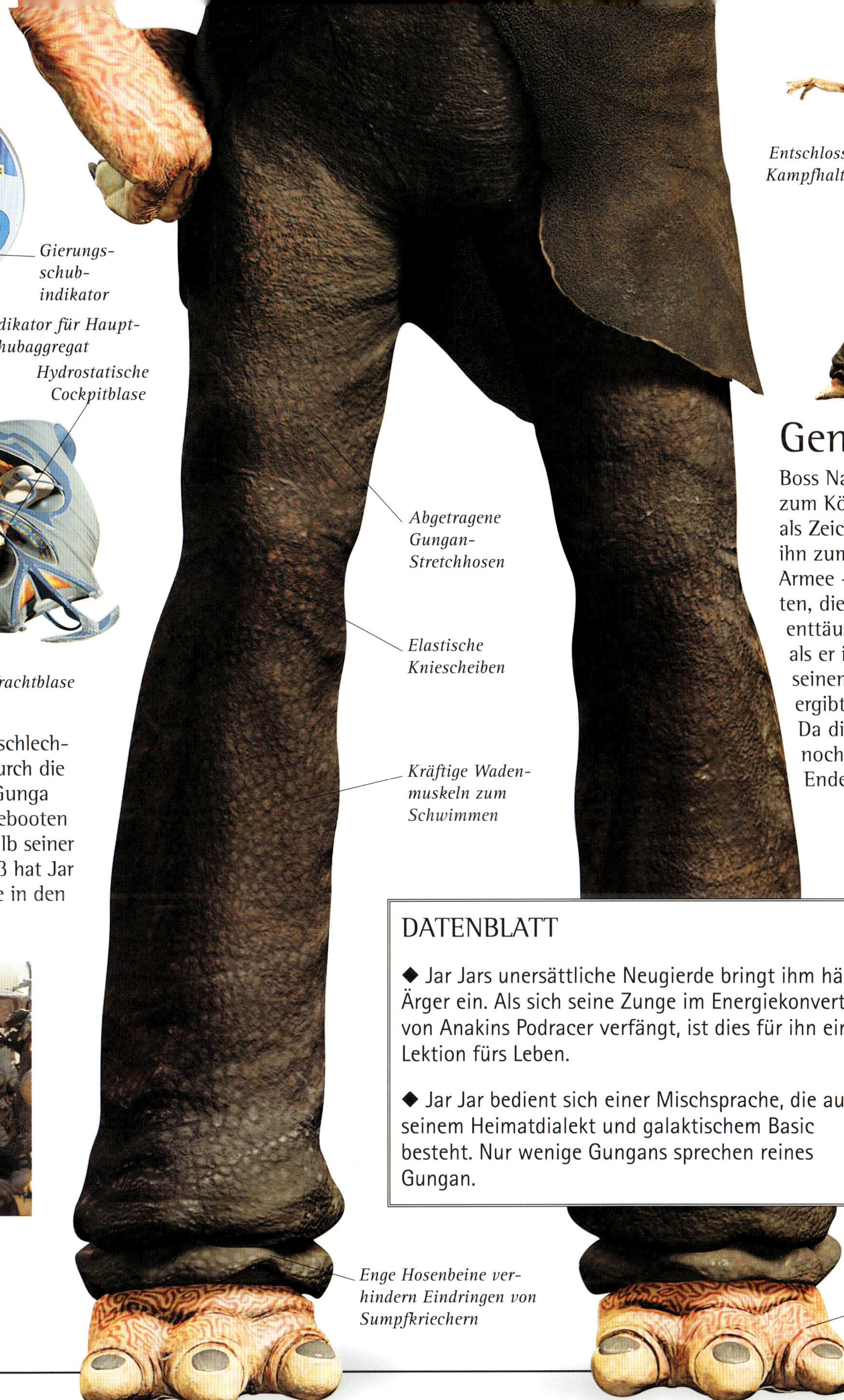

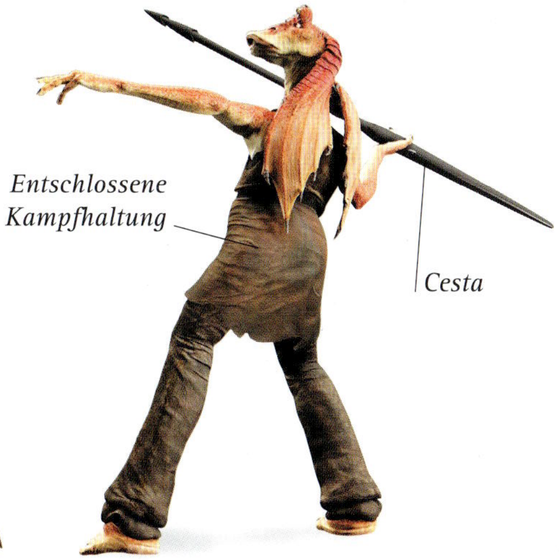

General Jar Jar

Boss Nass legt Jar Jars Verbindungen zum Königshaus von Naboo irrtümlich als Zeichen der Reife aus und macht ihn zum General der Großen Gungan-Armee – sehr zum Unbill der Soldaten, die er „befehligen" soll. Jar Jar enttäuscht ihre Erwartungen nicht, als er im Gefecht in Panik gerät, von seinem Reittier fällt und sich sofort ergibt, als er sich umzingelt sieht. Da die Gungans die Schlacht dennoch gewinnen, ist Boss Nass am Ende um keinen Deut weiser.

DATENBLATT

- ◆ Jar Jars unersättliche Neugierde bringt ihm häufig Ärger ein. Als sich seine Zunge im Energiekonverter von Anakins Podracer verfängt, ist dies für ihn eine Lektion fürs Leben.
- ◆ Jar Jar bedient sich einer Mischsprache, die aus seinem Heimatdialekt und galaktischem Basic besteht. Nur wenige Gungans sprechen reines Gungan.

Die Gungans

DIE AMPHIBISCHEN GUNGANS haben sich in den Sümpfen von Naboo entwickelt und sich dem Leben auf dem Lande ebensogut angepaßt wie dem im Wasser. Geheime Techniken ermöglichen es den am Grunde tiefer Seen lebenden Gungans, die Grundstrukturen von Gebäuden und Fahrzeugen organisch zu „züchten“, die dann von einheimischen Handwerkern manuell fertiggestellt werden. Gungans treiben Handel mit den Naboo, um sich technische Gegenstände zu beschaffen, stellen aber ihren gesamten sonstigen Bedarf aus den Ressourcen ihres Unterwasserhabitats her. Obwohl sie mechanische Fahrzeuge verwenden, ziehen sie es vor, lebende Reit- und Lasttiere zu benutzen.

Captain Tarpals

Captain Tarpals, der Chef der Kaadu-Patrouille in Otoh Gunga, befindet sich gewöhnlich auf der Suche nach Dieben oder gefährlichen Wasserkreaturen. Für Tarpals ist der zu Pannen aller Art neigende Jar Jar Binks eine vertraute Gefahr, die in eine Kategorie ganz besonderer Art gehört.

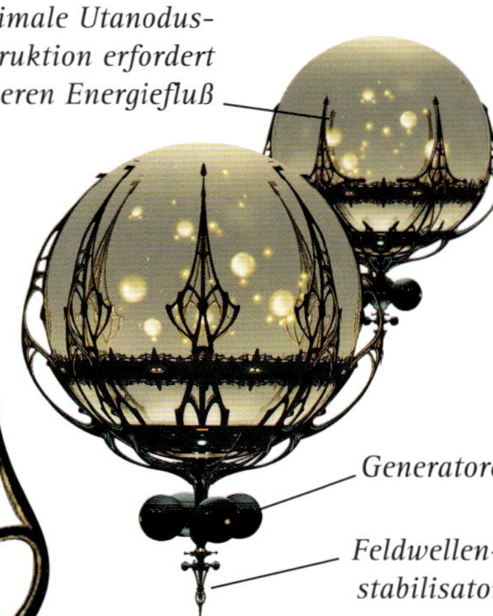

Otoh Gungan

Der magische Glanz von Otoh Gunga verbirgt sich in den Tiefen des Paonga-Sees. Starke hydrostatische Membranfelder schützen die Wohnblasen vor eindringendem Wasser und verleihen der Stadt ihr an Geschmeide erinnerndes Aussehen. Spezielle Portalzonen halten die Luft im Inneren der Stadt zurück und erlauben es, sie zu passieren, ohne daß es irgendwelcher Schleusenkammern bedürfte.

Schuppenfische

In den Gewässern rings um Otoh Gunga lebt eine Vielzahl kleiner leuchtender Fische. Sie werden von den Lichtern der Stadt angezogen, haben aber aus Erfahrung gelernt, nicht ins luftgefüllte Innere der Stadt vorzudringen.

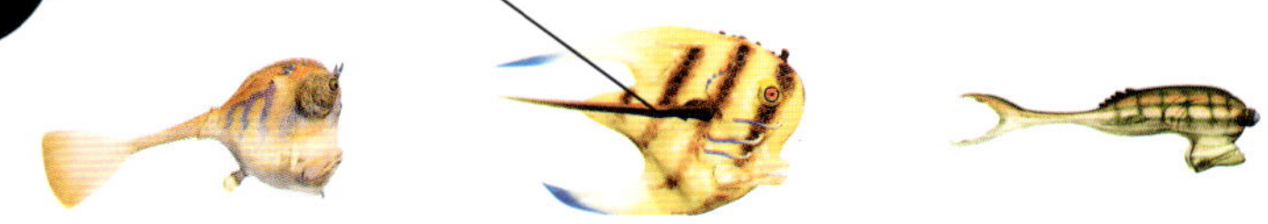

RAY TEE LAA FAA MEE SEE

Boss Nass

Der Herrscher von Otoh Gunga, der größten Seestadt, ist ein strenger altmodischer Gungan, der galaktisches Basic mit starkem Akzent spricht. Er genießt auch in Gemeinwesen außerhalb von Otoh Gunga hohen Respekt und ist mit zunehmendem Alter korpulent und wohlhabend geworden.

Boss Nass verfügt allein über die Macht, die Große Gungan-Armee zu mobilisieren, die Gungans aus allen Siedlungen in sich vereint.

Boss Nass ist ein fairer, aber sturer Herrscher, der sich über die Anmaßung der Naboo ärgert, welche die Gungans nur deswegen für primitiv halten, weil sie eine von Technik dominierte Lebensweise ablehnen. Aus diesem Grunde zieht er es vor, den Kontakt mit Menschen auf ein Minimum zu beschränken.

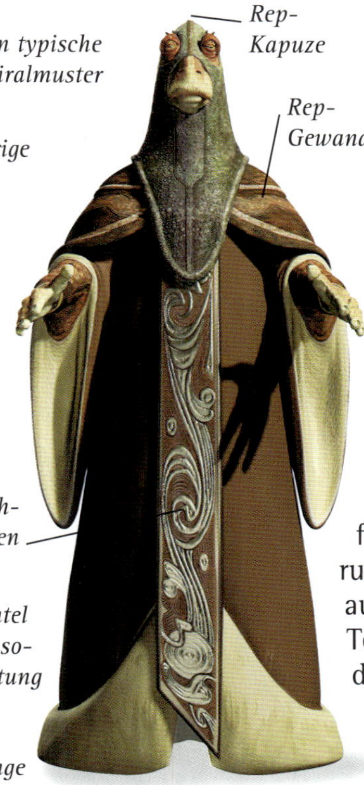

Rep Teers

Boss Nass trifft seine Entscheidungen mit Hilfe seines Rep-Rates. Diese Gruppe ernannter Beamter ist für verschiedene Bereiche der Regierung zuständig. Ihre Kleidung weist auf die Würde ihres Amtes hin. Rep Teers ist für die Energieversorgung der hydrostatischen Blasen von Otoh Gunga verantwortlich.

Wie allen Naboo hat man auch Königin Amidala beigebracht, die Gungans für Barbaren zu halten. Als der Planet sich einer Invasion ausgesetzt sieht, wird ihr bewußt, daß ihr Volk und die Gungans nur die Wahl haben, zusammenzuarbeiten oder zu sterben. Sie bringt den Mut auf, Boss Nass um Hilfe zu bitten, und begründet damit eine neue Freundschaft zwischen den beiden Kulturen. Boss Nass ist von ihrer Geste zutiefst beeindruckt und ändert seine Ansichten ebenfalls.

DATENBLATT

◆ Boss Nass hat die auffällig grüne Haut und die tiefliegenden Augen des alten Ankura-Geschlechts, das in einem abgelegenen Sumpfdorf seinen Anfang nahm. Seine Vorfahren vereinten sich mit den Otolla-Gungans, den Gründern von Otoh Gunga.

◆ Als Hüter alter Aufzeichnungen kennt Rep Teers die Geheimnisse längst vergessener Gungan-Verstecke.

Gungan-Kriegsführung

DURCH BÜNDNISVEREINBARUNGEN vereint, kämpfen die Gungans schon lange nicht mehr gegen die Naboo oder untereinander. Vor vielen Jahren haben sie die letzten Invasoren, die sie bedrohten, verjagt. Dennoch unterhalten sie aus Gründen der Tradition und um sich gegen Angriffe von Meeresungeheuern zu verteidigen, bewaffnete Streitkräfte. Die Große Armee setzt sowohl technologische Zauberkünste wie auch traditionelle Waffen ein. Beim Angriff schleudern die Gungans Plasma-Energiebälle. Die Soldaten der Großen Armee sind unerfahren, aber durch ihr Pflichtbewußtsein und eine klare Vorstellung von Recht und Unrecht hochmotiviert.

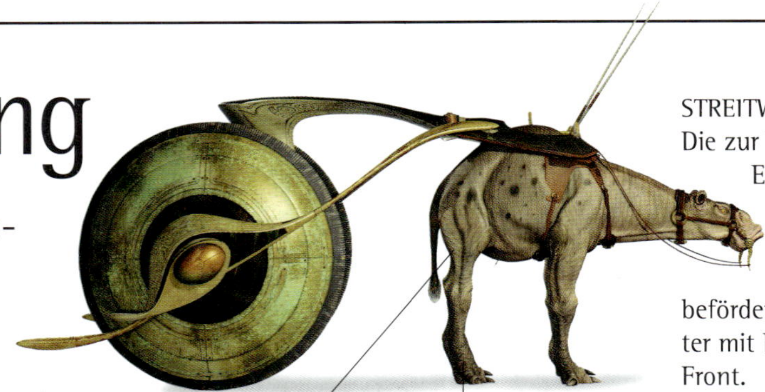

STREITWAGEN
Die zur Vermeidung heftiger Erschütterungen mit großen Rädern ausgestatteten Streitwagen der Gungans befördern Vorräte oder Behälter mit Energiebällen zur Front.

Gungan-Truppen aus allen Unterwassergemeinden kommen aus den Sümpfen hervor und vereinigen sich etappenweise zur Großen Armee. Die Soldaten wissen, daß sie die Armee der Handelsföderation besiegen müssen, um das Überleben und die Freiheit ihres Volkes zu sichern.

FAMBAA MIT PROJEKTORTROMMEL

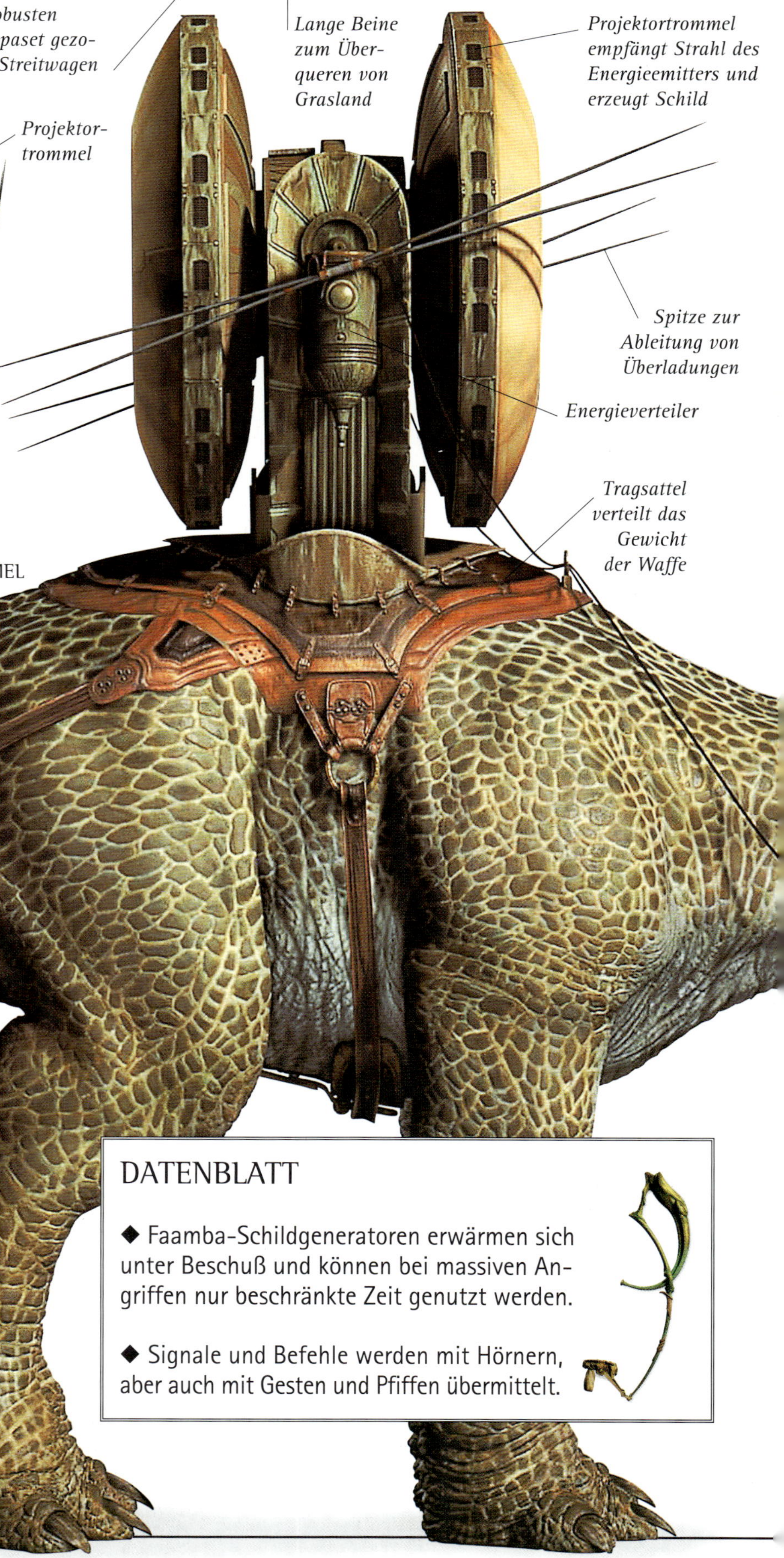

KAVALLERIE
Die Infanterie der Gungans besteht hauptsächlich aus Berufs- oder Teilzeitsoldaten. Die Kampfmontur dieser Krieger kann individuell sehr unterschiedlich ausfallen, da nicht alle die gleichen Kleidungstücke und Ausrüstungsgegenstände bevorzugen.

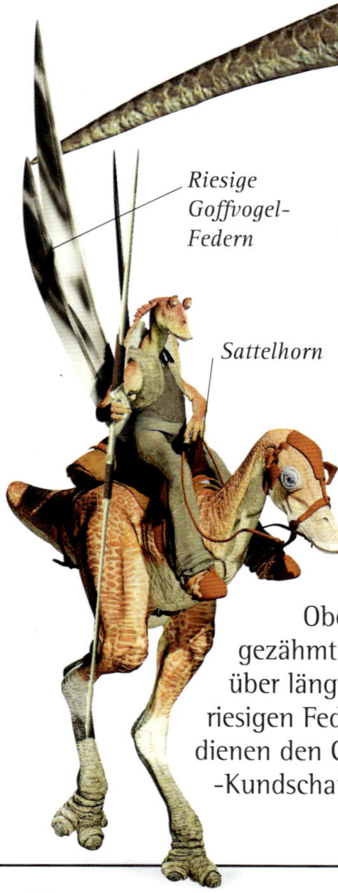

Kaadu

Die Kaadu sind vor langer Zeit von Gungans, die sich auf der Oberfläche Naboos angesiedelt hatten, gezähmt worden. Die Kaadu können auch über längere Zeit im Wasser atmen. Diese mit riesigen Federn geschmückten Lebewesen dienen den Gungan-Soldaten und -Kundschaftern als Reittiere.

DATENBLATT

◆ Faamba-Schildgeneratoren erwärmen sich unter Beschuß und können bei massiven Angriffen nur beschränkte Zeit genutzt werden.

◆ Signale und Befehle werden mit Hörnern, aber auch mit Gesten und Pfiffen übermittelt.

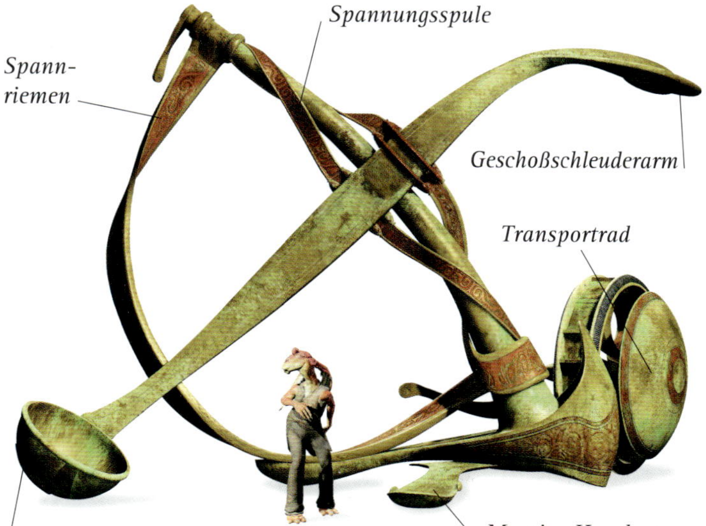

KATAPULT

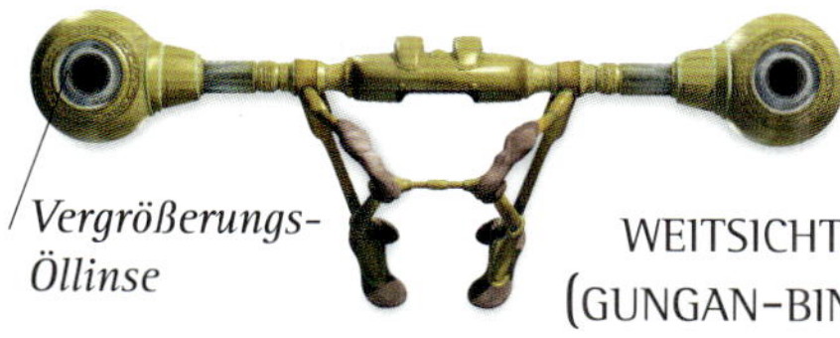

WEITSICHTGERÄT (GUNGAN-BINOCULAR)

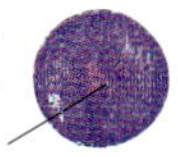

ENERGIE-BALL

PFEIFE

CESTA

Kriegsgerät

Die Geschosse der Gungans bestehen aus einer Plasma-Energieverbindung, deren extrem zerstörerische Kraft beim Aufprall freigesetzt wird. Diese Energiebälle unterschiedlichen Kalibers werden von Katapulten mit entsprechender Wurfkraft und Reichweite durch die Luft geschleudert – gelegentlich auch aus Versehen.

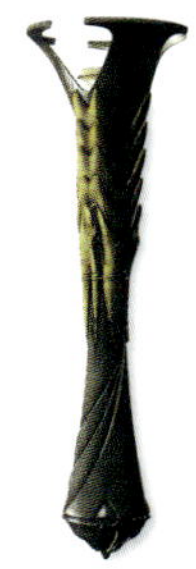

ATLATL

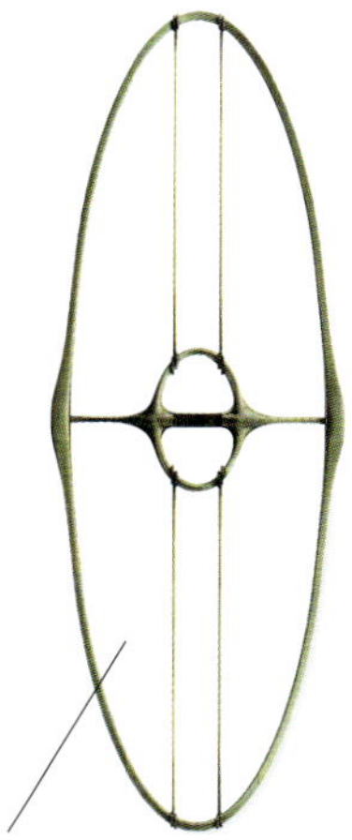

ENERGIE-SCHILD

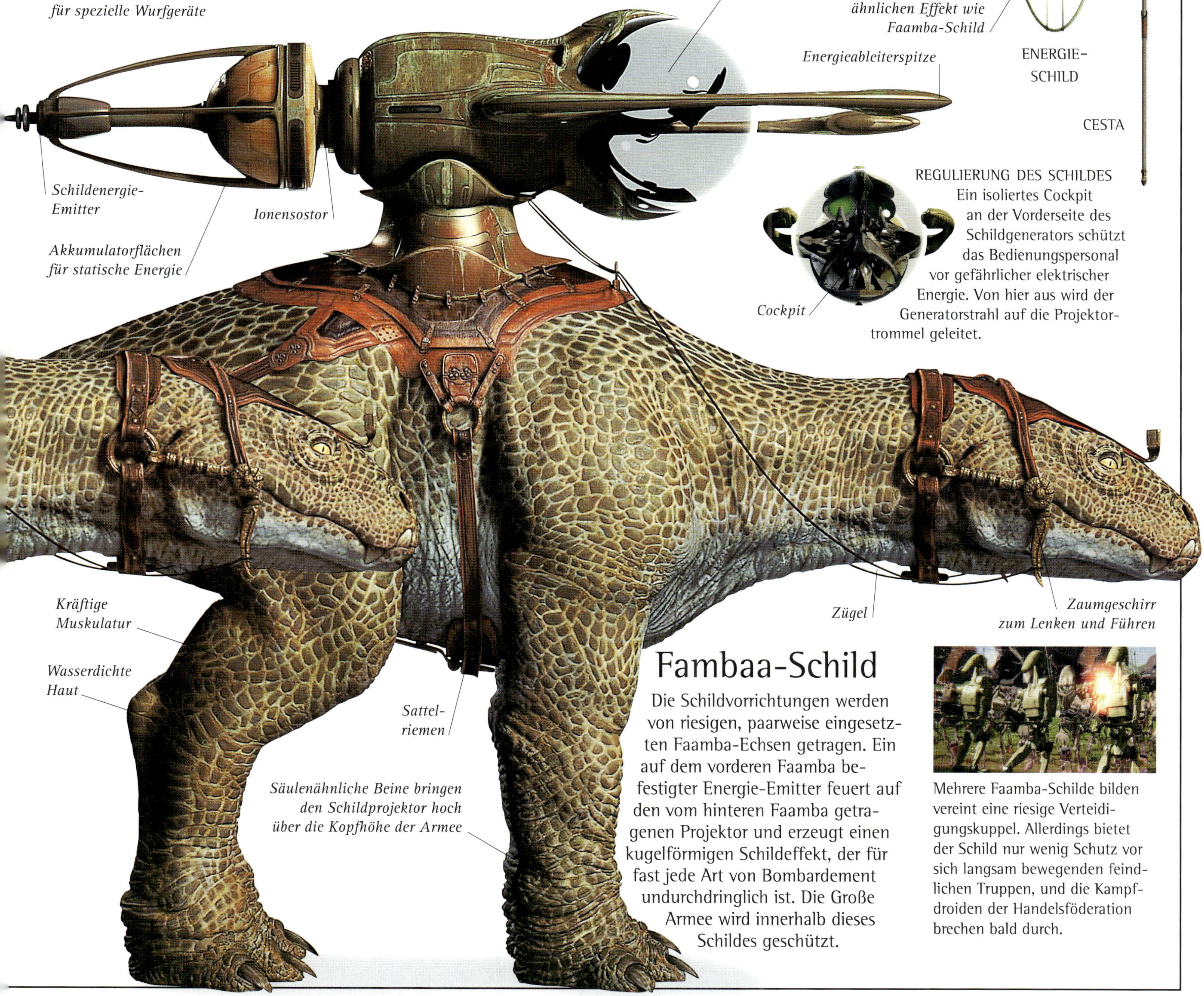

REGULIERUNG DES SCHILDES
Ein isoliertes Cockpit an der Vorderseite des Schildgenerators schützt das Bedienungspersonal vor gefährlicher elektrischer Energie. Von hier aus wird der Generatorstrahl auf die Projektortrommel geleitet.

Fambaa-Schild

Die Schildvorrichtungen werden von riesigen, paarweise eingesetzten Faamba-Echsen getragen. Ein auf dem vorderen Faamba befestigter Energie-Emitter feuert auf den vom hinteren Faamba getragenen Projektor und erzeugt einen kugelförmigen Schildeffekt, der für fast jede Art von Bombardement undurchdringlich ist. Die Große Armee wird innerhalb dieses Schildes geschützt.

Mehrere Faamba-Schilde bilden vereint eine riesige Verteidigungskuppel. Allerdings bietet der Schild nur wenig Schutz vor sich langsam bewegenden feindlichen Truppen, und die Kampfdroiden der Handelsföderation brechen bald durch.

Meeresungeheuer von Naboo

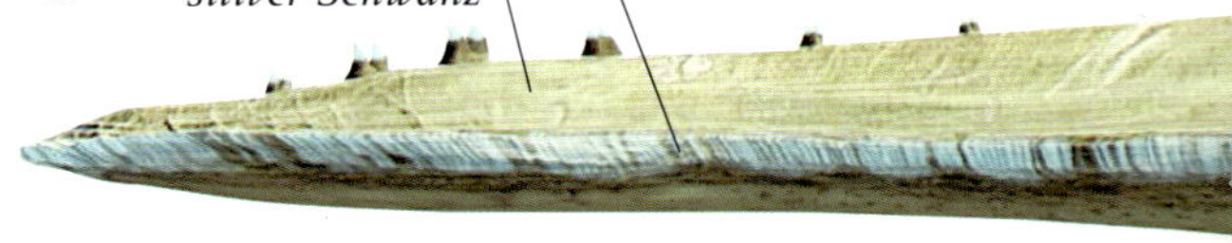

DIE GEWÄSSER VON NABOO sind reich belebt, wobei das Gleichgewicht zwischen Sonnenlicht und Nährstoffen vielen Lebensformen ideale Lebensbedingungen bietet. Plankton gedeiht reichlich und unterstützt damit eine Nahrungskette, die ihren Gipfelpunkt in riesigen spektakulären Räubern erreicht hat. Die Meeresungeheuer von Naboo lauern gewöhnlich in den Tiefen, aber einige von ihnen lassen sich nachts oder bei Stürmen an die Oberfläche treiben – ein Sprichwort auf Naboo besagt, daß nur Tollkühne und Verrückte zur See reisen. Es gibt Berichte von koordinierten Überfällen dieser Monster auf Gungan-Städte, was einer der Gründe dafür ist, daß die Armee der Gungans in ständiger Bereitschaft steht. Abwehrfelder halten die Leviathane fern, doch aus noch ungeklärten Gründen werden sie dann und wann von einem der Ungeheuer durchbrochen.

JUNGER COLO-KLAUENFISCH

IM GUNGAN-U-BOOT AUF GEFÄHRLICHER TAUCHFAHRT

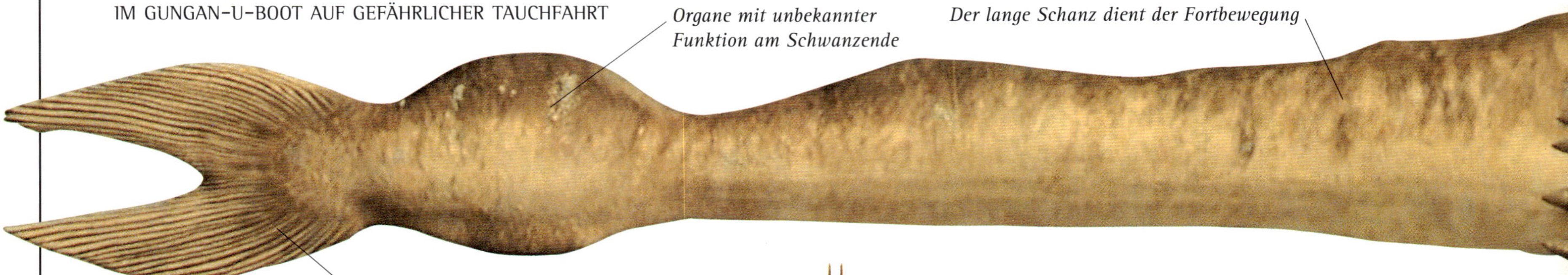

Opee-Killerfisch

In einer bizarren Mischung von Verhaltensweisen sehr unterschiedlicher Geschöpfe verfolgt der Opee-Killerfisch seine Beute mit Hilfe einer Kombination aus Flossen und natürlichem „Düsenantrieb“. Der Opee saugt das Wasser durch das Maul ein und stößt es durch Öffnungen unter den Platten in seiner Haut wieder aus und ist deshalb zu hohen Geschwindigkeiten fähig. Typischerweise hängt sich der Opee-Killerfisch an dunkle Schrunde und benutzt eine Art Köder an seinem Kopf, um Beute anzulocken. Ist das Opfer nahe genug herangekommen, schießt seine lange klebrige Zunge hervor.

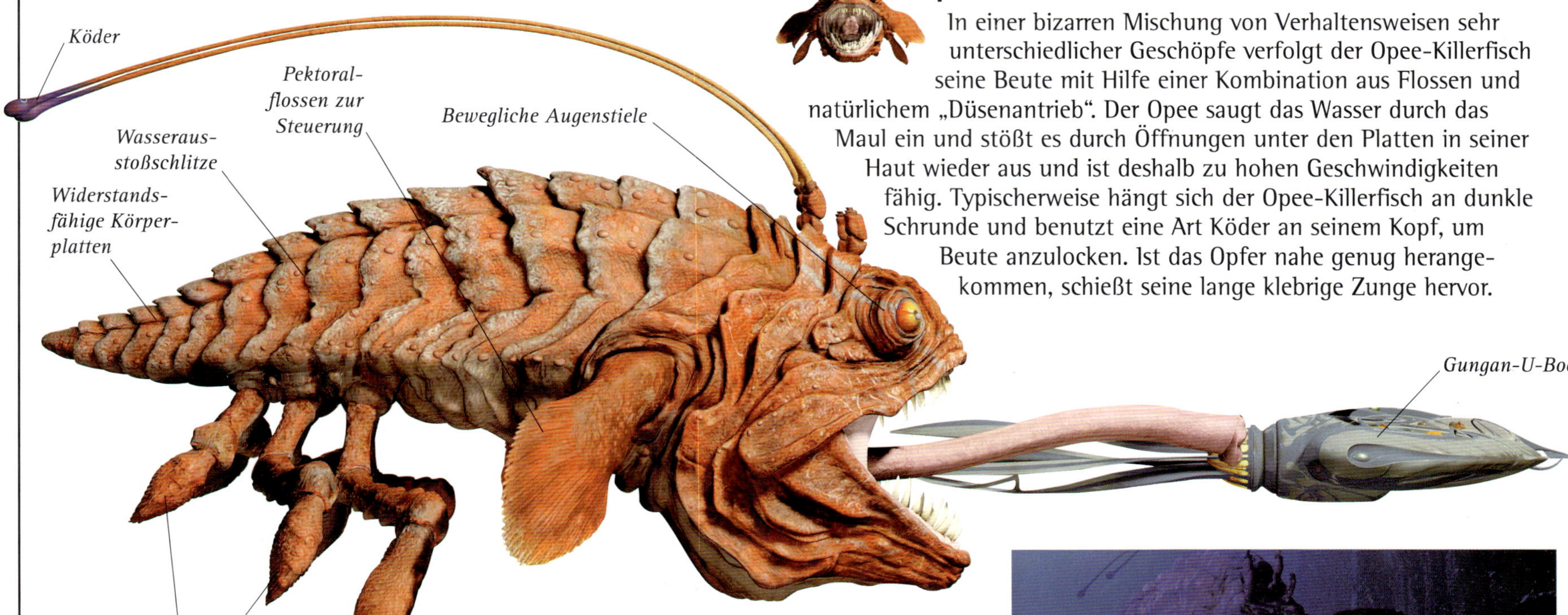

Opee-Killerfische sind ebenso aggressiv wie hartnäckig. Auch für größere Räuber stellen sie alles andere als eine leichte Beute dar. Von jungen Opees weiß man, daß sie sich sogar aus dem Bauch eines Colo-Klauenfisches herausbeißen können.

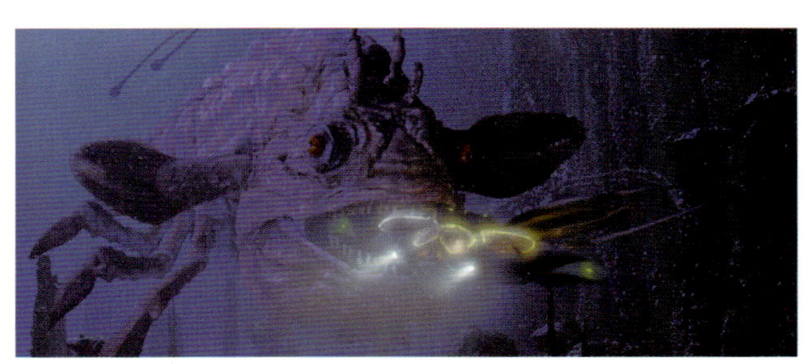

Colo-Klauenfisch

Dieser schlangenhafte Räuber ist aufgrund seiner spreizbaren Kinnladen und dehnbaren Haut in der Lage, Beute zu verschlingen, die größer ist als sein eigener Kopf. Nachdem der Colo sein Opfer durch ein unheimliches Kreischen verwirrt hat, das er mittels spezieller Artikulationsorgane in Hals und Kopf auf hydrosonischem Wege ausstößt, packt er es mit den riesigen Brustklauen. Der Colo verdaut seine Nahrung nur sehr langsam und muß daher das Beutetier mit seinen giftigen Fängen betäuben, damit es sich nicht wieder aus seinem Magen herausfrißt.

Die Wohnstätten des Sando-Aqua-Monsters zu erforschen wäre ein höchst gefährliches Unterfangen, selbst unter Einsatz modernster Schutzgeräte. Der Sando taucht ohne Warnung auf und kann die meisten anderen Seebewohner mit einem einzigen Schnappen verschlingen.

Sando-Aqua-Monster

Der von den meisten Legenden umgebene Alptraum der Meere Naboos, das Sando-Aqua-Monster, wird nur selten gesichtet. Trotz seiner gewaltigen Größe kann es sich in der Tiefe verbergen, ohne daß man bisher herausgefunden hat, wie. Auch, wie es die gigantische Bestie schafft, genügend Nahrung zu sich zu nehmen, um seine Körperfunktionen in Gang zu halten, bleibt ein Rätsel – was aber für einen großen Teil der Ökologie Naboos gilt.

Die Panzerung des Opee-Killerfisches schützt ihn gegen die meisten Raubtiere, doch gegen die gewaltigen Kiefer riesiger Leviathane wie dem Sando-Aqua-Monster ist er hilflos.

Darth Maul

DER SITH-ORDEN entstand vor fast zweitausend Jahren, als ein abtrünniger Jedi, erfüllt von der destruktiven Energie der dunklen Seite der Macht, versuchte, die Galaxis unter seine Herrschaft zu zwingen. Von der Dunklen Seite gestärkt, kämpften die Sith gegeneinander, bis nur ein einziger übrigblieb: Darth Bane. Um weitere Bruderkämpfe zu vermeiden, beschloß Bane, den Orden auf zwei Mitglieder zur gleichen Zeit zu beschränken. Im verborgenen warten die Sith nur auf den richtigen Moment, die Jedi auszulöschen und die Kontrolle über die Galaxis an sich zu reißen. Der derzeitige Sith-Meister, Darth Sidious, ist der ebenso brillante wie hinterhältige Mentor eines der gefährlichsten Sith-Lehrlinge der Geschichte: des teuflischen Darth Maul.

Darth Sidious hält mit seinen neimoidianischen Handlangern und seinem Lehrling Darth Maul mittels einer holographischen Projektion von beachtlicher Qualität Verbindung. Sidious, der stets höchste Ansprüche stellt, hat schon häufig Helfer allein deshalb entlassen, weil sie mit einem schwachen Signal kommunizierten.

Sondendroide

Als Darth Sidious' Lehrling steht Darth Maul modernste Technik zur Verfügung. Eines seiner nützlichsten Werkzeuge ist der „Dunkelauge"-Sondendroide, ein flugfähiges Aufklärungsgerät, das dem Aufspüren bestimmter Individuen oder Informationen dient.

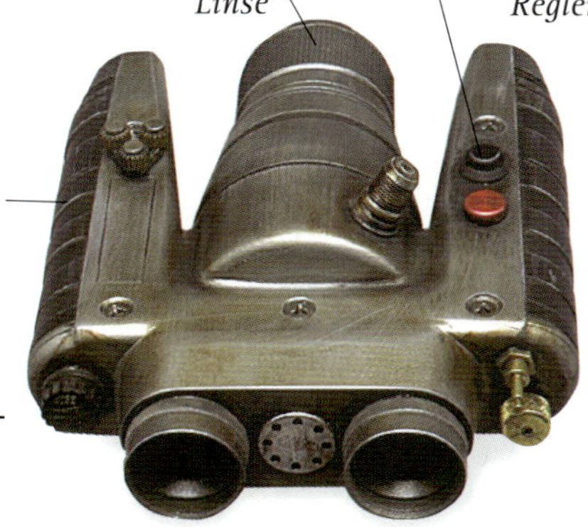

Elektrobinocular

Auf Tatooine bedient sich Maul eines Elektrobinoculars, um die Jedi aufzuspüren. Elektrobinoculare sind mit Nachtsicht-Sensoren und leistungsstarken Scannern ausgestattet.

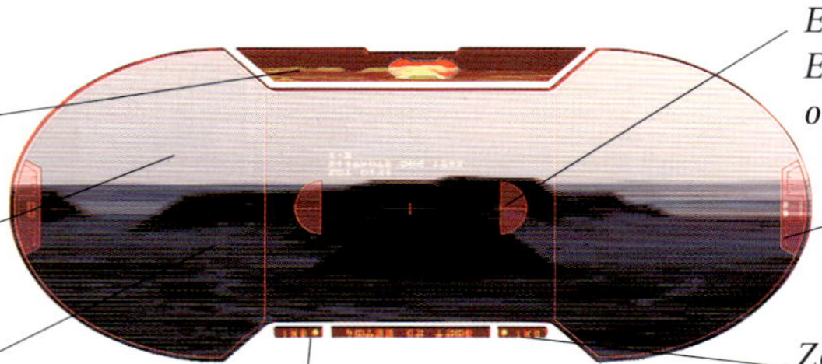

ELEKTROBINOCULARER SICHTSCHIRM
Der elektrobinoculare Sichtschirm von Maul ist an die globalen Scanner seines Sternschiffs gekoppelt und zeigt den präzisen Standort von Zielen sowie Lebenssignale oder Elektrofrequenzen an. Es ist sogar möglich, unsichtbare Verteidigungsschilde zu entdecken.

Maul ist stolz auf seine Fähigkeiten als Fährtensucher und sieht die schwierigen Aufträge seines Sith-Meisters als willkommene Herausforderung.

„DUNKELAUGE"-GERÄTE
Sondendroiden spüren ihre Opfer durch Einsatz multispektraler Geräte und einer großen Bandbreite an Scannern auf. Sie hören lautlos Gespräche ab, belauschen elektronische Sendungen und können zudem mit tödlichen Waffen ausgestattet werden.

Darth Mauls Gleiter ist mit einem leistungsstarken Repulsoraggregat für hohe Beschleunigung und extreme Belastungen ausgestattet. Die offene Cockpitanordnung erlaubt es Maul, aus dem Speeder heraus unmittelbar in einen Kampf einzugreifen.

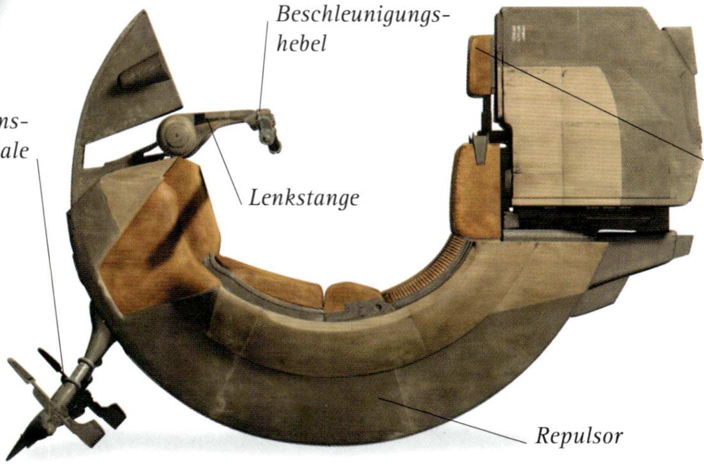

SITH-GLEITER
Der Gleiter ist nicht mit Waffen ausgestattet, da Maul den direkten Angriff mit der Klinge oder den hinterhältigen Einsatz von Bomben vorzieht.

Sith-Lehrling

Darth Sidious' Lehrling, Darth Maul, ist einer der bestausgebildeten Sith in der Geschichte des Ordens. Maul konzentriert sich auf die Vervollkommnung seiner Fähigkeiten und dient seinem Meister voller Eifer, wohl wissend, daß die Zeit kommen wird, da er schließlich selbst herrschen wird. Sein Gesicht ist mit Symbolen tätowiert, Zeugnis seiner Ergebenheit an die Dunkle Seite.

Mit der doppelten Klinge seines Lichtschwerts attackiert Maul zwei Jedi, die auf seinen heftigen Angriff nicht vorbereitet sind. Für die Jedi ist es ungewohnt, gegen Feinde zu kämpfen, die die gleiche Waffe führen wie sie.

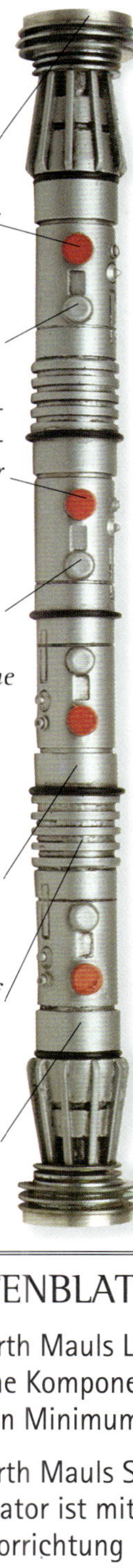

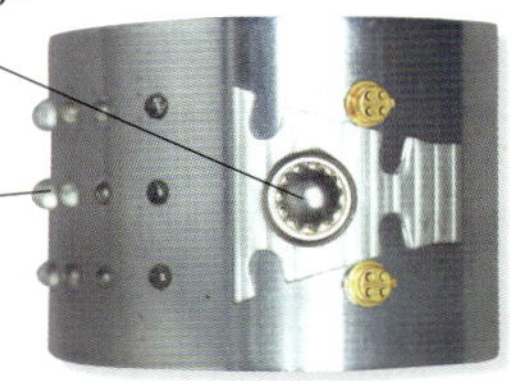

ARMBANDLINK
Darth Mauls programmierbares Armbandlink ermöglicht es ihm, Sondendroiden aus der Ferne zu dirigieren, Minen scharfzuschalten, Bomben zur Detonation zu bringen und andere Gemeinheiten zu begehen.

Mauls Lichtschwert

Unter äußerstem Einsatz seiner körperlichen, von der Macht unterstützten Fähigkeiten hat Darth Maul ein Lichtschwert mit zwei Klingen gebaut. Das normalerweise nur als Trainingswaffe benutzte Doppelschwert kann seinem Besitzer gefährlicher werden als ein Feind. In der Hand Darth Mauls wird es allerdings zu einem Wirbel tödlicher Energie.

DATENBLATT

- Darth Mauls Lichtschwert verfügt über doppelte interne Komponenten, die das Risiko eines Totalausfalls auf ein Minimum reduzieren.
- Darth Mauls Sith-Infiltrator ist mit einer Tarnvorrichtung ausgestattet, die es ihm erlaubt, unbemerkt durch die Galaxis zu reisen.

Anakin Skywalker

ANAKIN SKYWALKER mag vielleicht aussehen wie jeder andere neunjährige Junge auf Tatooine, dennoch steckt weitaus mehr in ihm, als sein Äußeres vermuten läßt. Anakin ist Sklave des Ersatzteilhändlers Watto und lebt mit seiner Mutter in der Raumhafenstadt Mos Espa. Er besitzt ein natürliches Talent für den Umgang mit Maschinen und begreift ihre Funktionsweisen schnell. In seiner Freizeit repariert und baut Anakin alles mögliche, so auch einen Droiden und Podracer. Qui-Gon Jinn, dem seine scharfe Auffassungsgabe und unnatürlich schnellen Reflexe auffallen, erkennt, daß die Macht in Anakin außergewöhnlich stark ist.

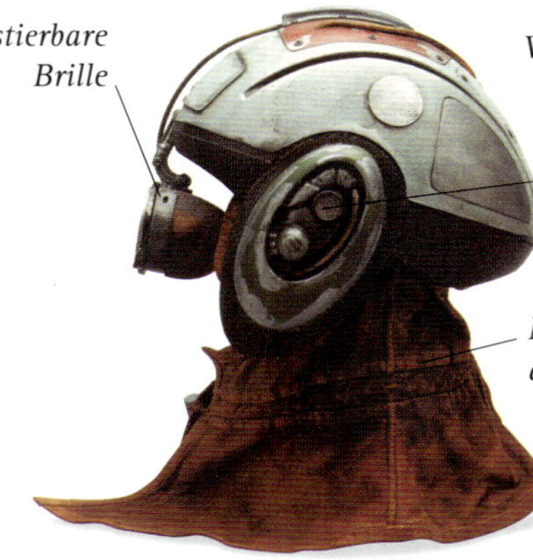

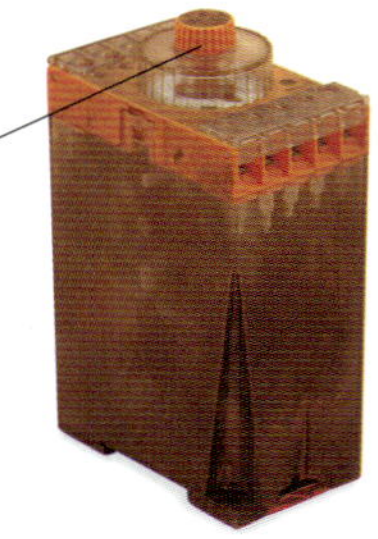

PODRACER-ENERGIEZELLE

Kein Mensch hat je einen Podracer-Helm benötigt, da Menschen für Podrennen normalerweise nicht geeignet sind. Anakins extrakleiner Helm ist das Geschenk eines ortsansässigen Handwerkers, der ihn speziell für den Jungen gefertigt hat.

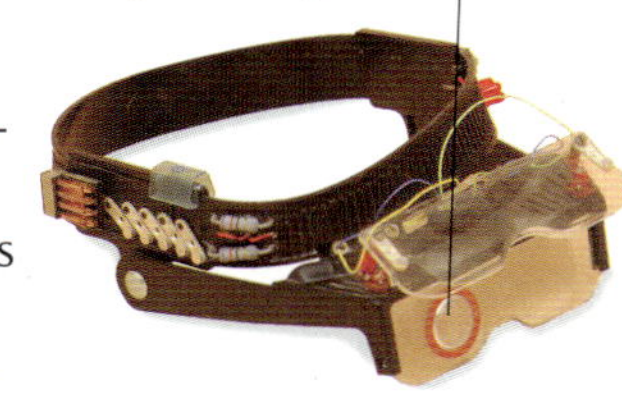

SCHWEISSERBRILLE

Familie und Freunde

Anakins Mutter, Shmi, glaubt an ihren Sohn und ermuntert ihn, in seinen Träumen der Sklaverei auf Tatooine zu entfliehen. Sein bester Freund, Kitster, hofft, eines Tages Majordomus auf einem reichen Anwesen in Mos Espa zu werden. Anakins ungewöhnliche Talente befremden bisweilen seine Freunde, aber Kitster war immer loyal.

Anakin hat ein eigenes Zimmer im Haus der Skywalkers. Rings um sein Bett sind elektronische und mechanische Bauteile aufgehäuft, da Anakin ständig bastelt und herumexperimentiert. Seine Arbeit bei Watto gibt ihm Gelegenheit, das ein oder andere Ersatzteil abzustauben.

Sklave und Träumer

Anakin hat von seiner Mutter gelernt, an sich zu glauben und – trotz ihres armseligen Sklavendaseins – sich seine Träume zu erhalten. So malt er sich voll Inbrunst den Tag aus, an dem er als Pilot eines Sternenschiffes durch die Galaxis reisen wird. Er wird bald herausfinden, daß Träume ungeahnte Folgen haben können.

KITSTER

Zu Anakins Freunden gehört Wald, ein junger Rodianer, der die Hutt-Sprache beherrscht. Wald zweifelt an Anakins außergewöhnlichen Fähigkeiten.

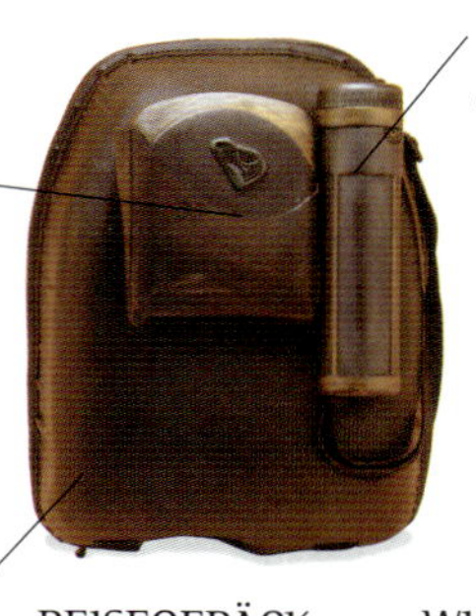

REISEGEPÄCK

WUPIUPI (TATOOINE-MÜNZEN)

DATENBLATT

◆ Anakin gehörte einmal Gardulla the Hutt, die ihn in einer Wette an Watto verlor, als Anakin etwa drei Jahre alt war.

◆ Normalerweise würde man einem Neunjährigen nie erlauben, an offiziellen Podrennen teilzunehmen, aber im Äußeren Rand ist bekanntlich alles erlaubt, wenn es um Wettspiele geht.

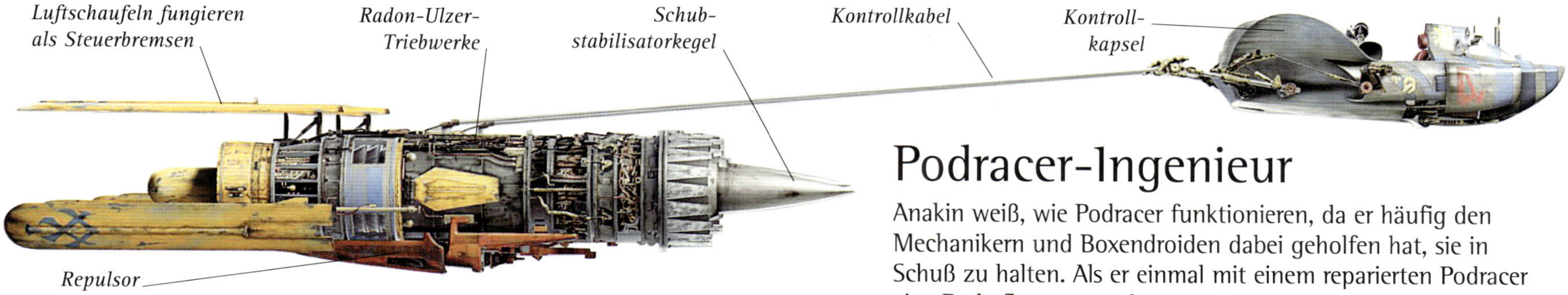

Podracer-Ingenieur

Anakin weiß, wie Podracer funktionieren, da er häufig den Mechanikern und Boxendroiden dabei geholfen hat, sie in Schuß zu halten. Als er einmal mit einem reparierten Podracer eine Probeflug unternahm, war Watto wütend, zugleich aber auch über die Reflexe des Jungen verblüfft. Bald wurden aus den Testläufen Qualifikationsrunden, und Anakin wurde trotz seiner Jugend Podracer-Pilot.

Anakin hat heimlich einen ausrangierten Podracer restauriert. Als Qui-Gon Jinn in Mos Espa eintrifft, fährt der Junge zum ersten Mal ein Rennen in seinem eigenen Podracer.

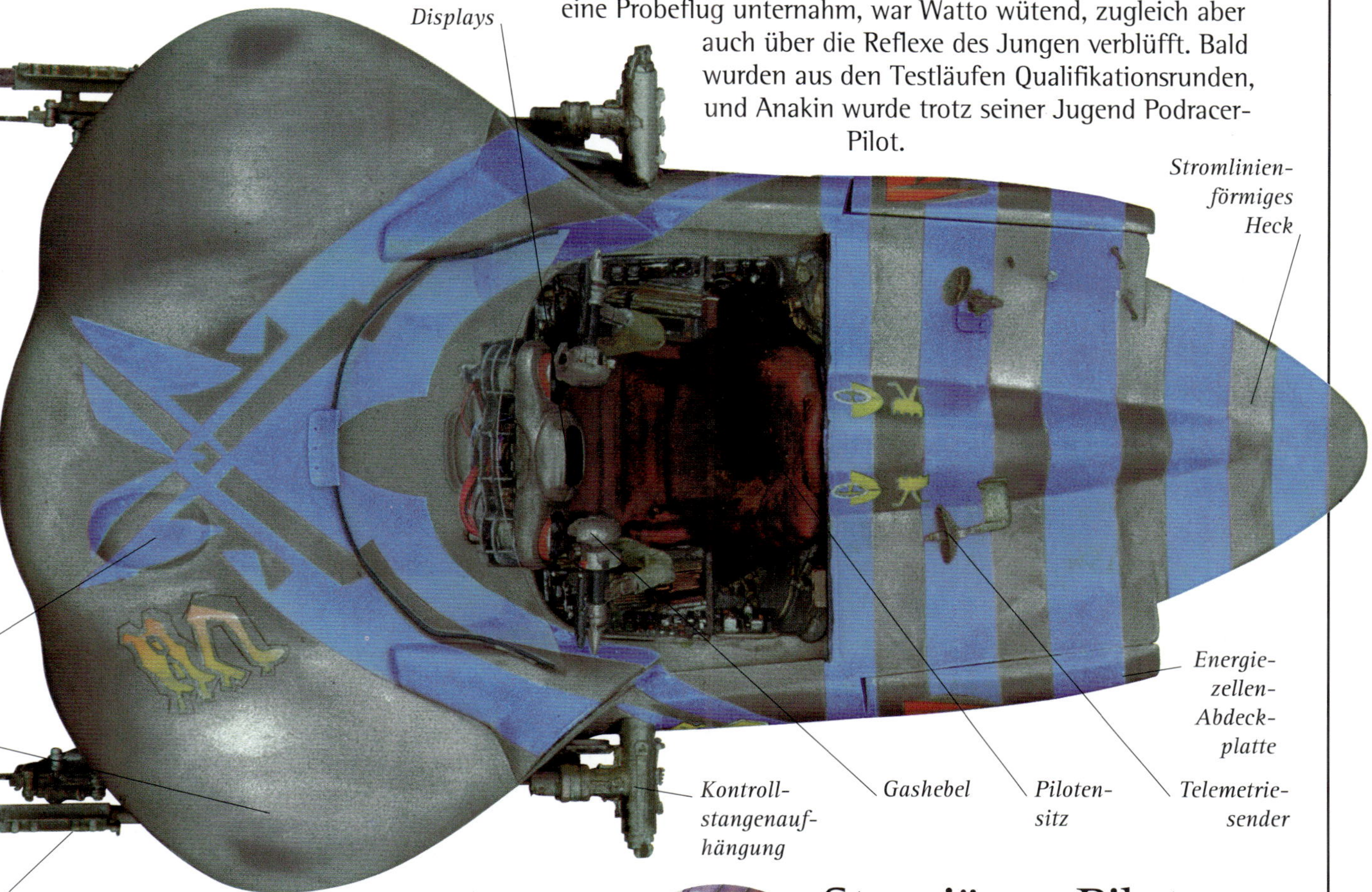

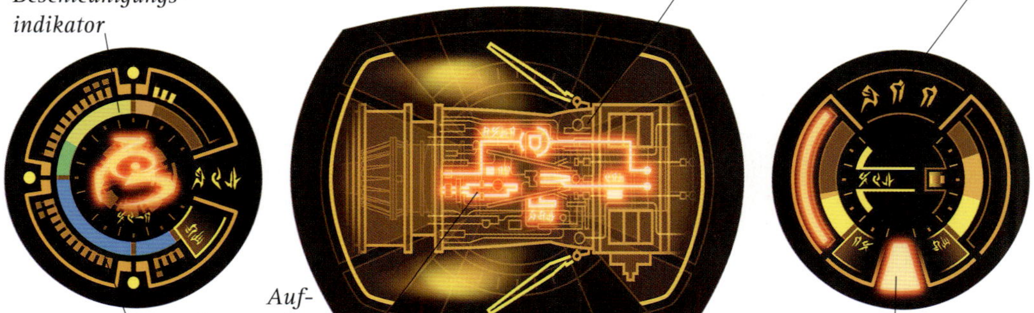

ANAKINS PODRACER-DISPLAYS

Sternjäger-Pilot

Einer von Anakins Träumen ist es, Sternjäger-Pilot zu werden, und er übt daher, wann immer möglich, in Simulatorspielen. Die meisten seiner Freunde halten seine Träume für unrealistisch, aber ein paar Leute erkennen, daß an dem Jungen etwas Besonderes ist. Während der Invasion Naboos versteckt sich Anakin im Cockpit eines Sternjägers, erfüllt von dem unbestimmten Wunsch, ihn auszuprobieren . . . nur ein wenig.

Als der Autopilot des Sternjägers startet, trägt das Schiff Anakin ins Zentrum der über ihm tobenden Raumschlacht. Fieberhaft versucht er die Steuerfunktionen zu begreifen, um einem Abschuß zu entgehen.

Nach seiner Kollision mit dem Droiden-Kontrollschiff der Handelsföderation feuert Anakin versehentlich einen seiner Torpedos auf die Pilotreaktoren und löst damit eine katastrophale Kettenreaktion aus.

Als seine Träume sich schneller zu verwirklichen scheinen, als ihm lieb ist, steht Anakin unvermutet vor dem Hohen Rat der Jedi auf Coruscant. Yoda glaubt, daß der Junge zu alt, zu verbittert und zu ängstlich ist, um die Ausbildung zu beginnen, doch Anakin widerspricht mit Entschlossenheit.

Shmi Skywalker

ALS PIRATEN die Eltern der jungen Shmi Skywalker während einer Weltraumreise im Äußeren Rand gefangennahmen, wurde Shmi in die Sklaverei verkauft und von ihrer Familie getrennt. Während einer schwierigen Kindheit wurde Shmi als Hausbedienstete mehrerer Herren unterschiedlicher Spezies von einem System zum anderen gebracht. Später mußte sie Reinigungsarbeiten verrichten. Obwohl die Sklaverei in der Republik verboten ist, reicht der Arm des Gesetzes nicht in alle Teile der Galaxis – und auch wenn billige Droiden manuelle Arbeiten ebensogut wie Menschen verrichten können, verleiht es den Besitzern großen Status und Prestige, lebende Sklaven zu besitzen.

ARBEITSPLATZ
Wenn Shmi nicht im Hause Wattos arbeitet, darf sie Computerspeichergeräte putzen und sich auf diese Weise ein bescheidenes Zubrot verdienen.

SHMIS KÜCHE
Trotz ihrer Armut ist Shmi stets bemüht, für sich und ihren Sohn ein gutes Zuhause zu schaffen. Ihre Küche enthält einige technische Hilfsmittel, aber es fehlen die kostspieligen Geräte zur Feuchtigkeitskonservierung, die nötig sind, um das wertvolle – und teure – Wasser zu sparen.

PRODUKTE AUS MOS ESPA

Luftkonzentrator

Einige der Werkzeuge an Shmis Arbeitsplatz sind ihr in Anerkennung ihrer Dienste geschenkt worden. Als Watto zusammen mit einem größeren Posten gebrauchter Geräte einen Luftkonzentrator bekam, gab er ihn Shmi, obwohl er ihn auch gewinnbringend hätte verkaufen können.

Als der Jedi-Ritter Qui-Gon Jinn Anakins besondere Fähigkeiten erkennt und anbietet, ihm eine bessere Zukunft zu ermöglichen, verleiht Shmis selbstlose Fürsorge ihr die Kraft, ihren Sohn gehen zu lassen.

Sklavin und Mutter

Nachdem die Hoffnung auf Freiheit mehrere Male enttäuscht wurde, hat Shmi ihr schweres Los akzeptiert. Ihre einzige Freude ist ihr Sohn Anakin, den sie innig liebt. Shmi und Anakin leben zusammen im Sklavenquartier von Mos Espa, einer am Stadtrand gelegenen Ansammlung einfacher Backsteinbauten.

DATENBLATT

◆ Shmi hat ihre technischen Fähigkeiten bei ihrem ehemaligen Herrn, Pi-Lippa, erlernt, der sie für die Freiheit ausbildete. Als Pi-Lippa allerdings starb, wurde Shmi an einen Verwandten verkauft.

◆ Shmi kann es immer spüren, wenn Anakin in ihrer Nähe ist, selbst wenn sie ihn weder sehen noch hören kann.

C-3PO

STANDARD-PROTOKOLLDROIDEN vom Typ Cybot Galactica sind seit Generationen im Einsatz. Als Anakin die strukturellen Komponenten eines Droiden fand, der in seine Einzelteile zerlegt worden war, reparierte er ihn als Helfer für seine Mutter. Im Laufe der Zeit gelang es Anakin, seinen Droiden zu komplettieren, wobei er viele Teile selbst herstellte. Anakins mechanischem Faktotum fehlt die „Haut“, da Droidenplatten teuer sind, und der Junge sie sich nicht leisten kann. Der schlichte Protokolldroide, dem Anakin den Namen C-3PO gegeben hat, weiß noch nicht, daß sein Innenleben zu sehen ist.

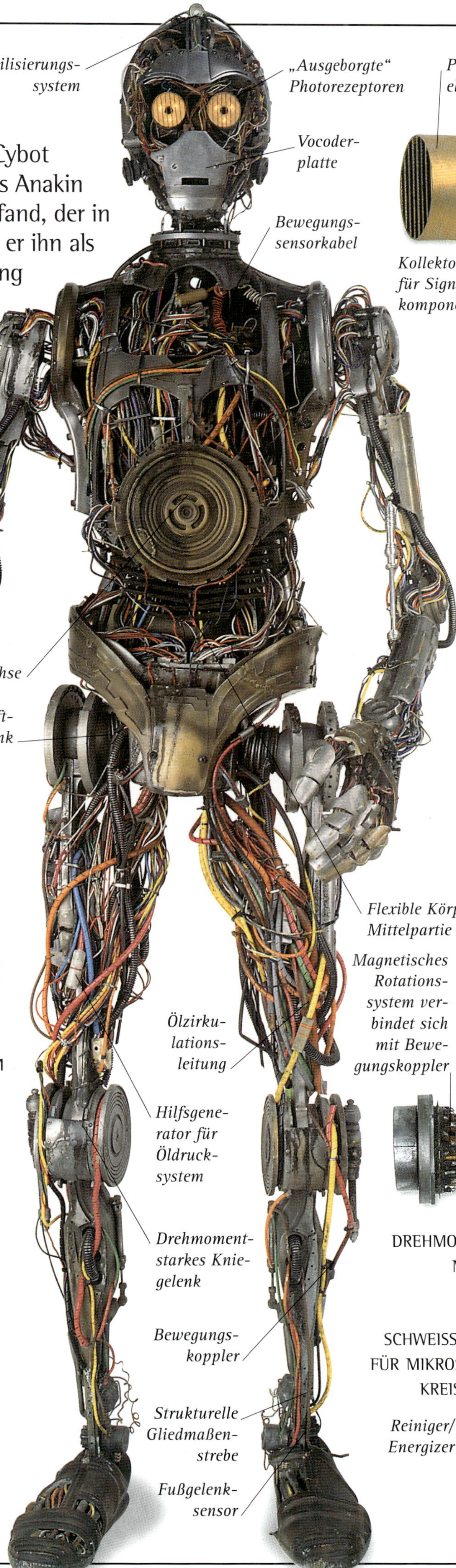

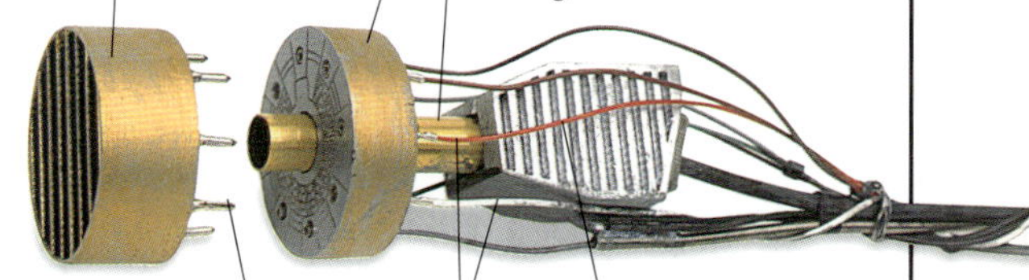

PHOTOREZEPTOR (VORDERANSICHT)

Photorezeptor

Die Photorezeptoren des Droidenrahmens, an dem Anakin arbeitete, waren ausgebrannt, weshalb er sie gegen die Rezeptoren eines von Watto gekauften Droiden austauschte – der jetzt nur noch mit Mühe sehen kann. Watto versteht immer noch nicht, wie der halbblinde Droide den Weg in seine Werkstatt gefunden hat . . .

Nach jahrelangen Basteleien an kleineren Apparaten ist C-3PO Anakins erster voll funktionsfähiger Droide. Der Bau eines Droiden, selbst aus standardisierten Teilen, kann eine große Herausforderung darstellen.

WERKZEUG-DEMAGNETISIERER

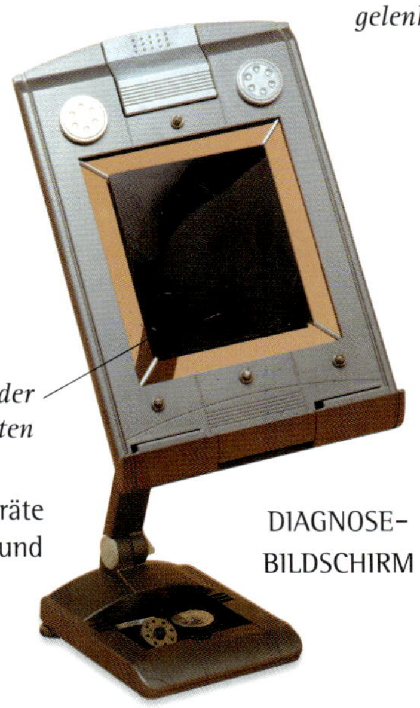

DIAGNOSE-BILDSCHIRM

ANAKINS WERKZEUG
Auf Tatooine werden viele Geräte von Sand und Staub zerstört und dann weggeworfen. Anakin und Shmi sammeln und nutzen solche Dinge für ihre Arbeit zu Hause.

DREHMOMENTSTARKER MOTOR

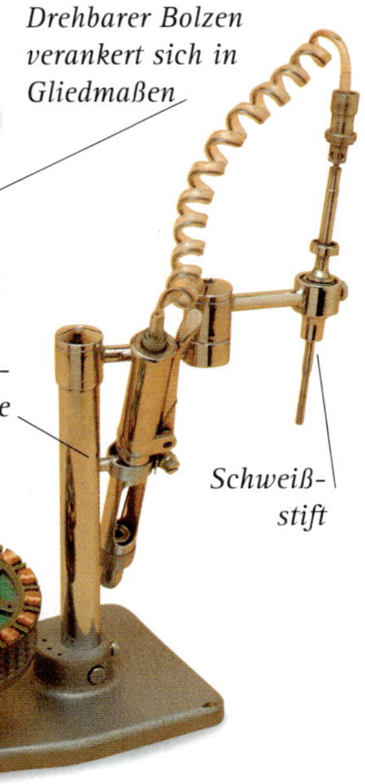

SCHWEISSGERÄT FÜR MIKROSCHALTKREISE

DATENBLATT

◆ Der größte Teil von C-3POs Rahmenstruktur ist älter als 80 Jahre.

◆ C-3POs interne Datenbanken sind ihm bei dem Entwurf von Anakins Podracer-Dekor von großem Nutzen. Unterstützt wird er bei dieser Arbeit außerdem von seinem künftigen Kollegen R2-D2.

In den rauhen Grenzgebieten des Äußeren Randes zählt nur harte Währung. Als Qui-Gon dort auftaucht und hofft, mit Republik-Kredits bezahlen zu können, löst das bei Watto nur Gelächter aus.

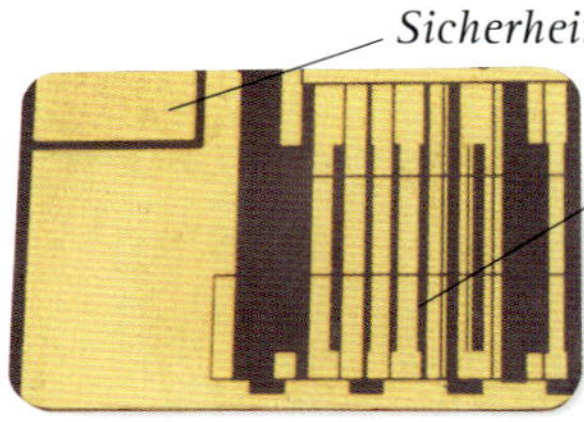

KREDITCHIP DER REPUBLIK

Watto

Schnell schlagende Flügel ermöglichen es Watto, frei zu schweben

WATTO, INHABER EINES LADENS für Ersatzteile in der Grenzstadt Mos Espa auf Tatooine, ist ein schlauer Toydarianer mit aufgeregt flatternden Flügeln, dessen gedrungener Körper infolge seines mit Gas angereicherten Gewebes sehr leicht ist. Der Schrotthändler hat einen Blick für alles Lukrative und kennt seine Ware in- und auswendig. Der Erfolg hat es ihm ermöglicht, seiner Spielleidenschaft nachzugehen. So schließt er regelmäßig hohe Wetten in den Podrennen von Mos Espa ab und setzt sein Geld und seinen Verstand gegen die Hutts ein, die die Kontrolle über dieses Geschäft ausüben. Wetten haben auch dazu geführt, daß Watto zahlreiche Sklaven gewinnen konnte – gleichermaßen heißersehnter Besitz wie Auszeichnung für seinen scharfen Verstand.

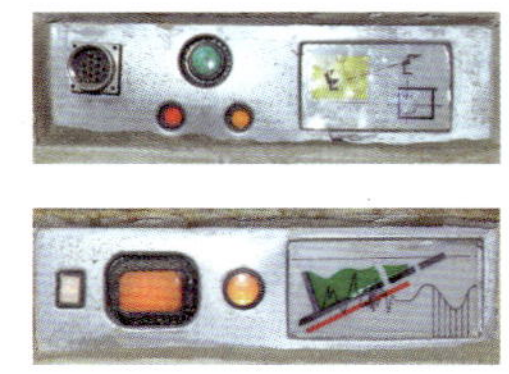

PRÜFGERÄTE

Wattos Schrottladen

Obwohl Watto darauf besteht, daß es sich bei seinem Etablissement um ein „Geschäft für Ersatzteile" handelt, nennen alle anderen es einen Schrottladen. Es läßt sich nicht leugnen, daß das Warensortiment von seltenen Bauteilen über gewöhnliche Droiden bis zu unbrauchbarem Plunder reicht. Wattos Droidensklaven und Angestellte führen Reparaturen durch, besorgen die gewünschten Ersatzteile, und erfüllen noch den ausgefallensten Sonderwunsch.

In Wattos Laden finden sich zusammengeschusterte Geräte aller Art, beispielsweise eine Jawa-Drohne vom Typ R1, die Watto im Laden hilft.

WATTOS DATAPAD
Watto hat zwar ein gutes Gedächtnis für das Inventar seines Ladens, betreibt seine komplette Buchführung jedoch in spezieller Chiffre auf einem eigens dafür bestimmten Datapad.

Energiedroide

Droiden der Serie GNK sind mobile Generatoren, die Energie verschiedener Niveaus und Phasen liefern. Sie schweben unauffällig im Hintergrund und sind häufig stumme Zeugen großer Ereignisse.

SPRECHENDER MAGNETIT-REINIGER

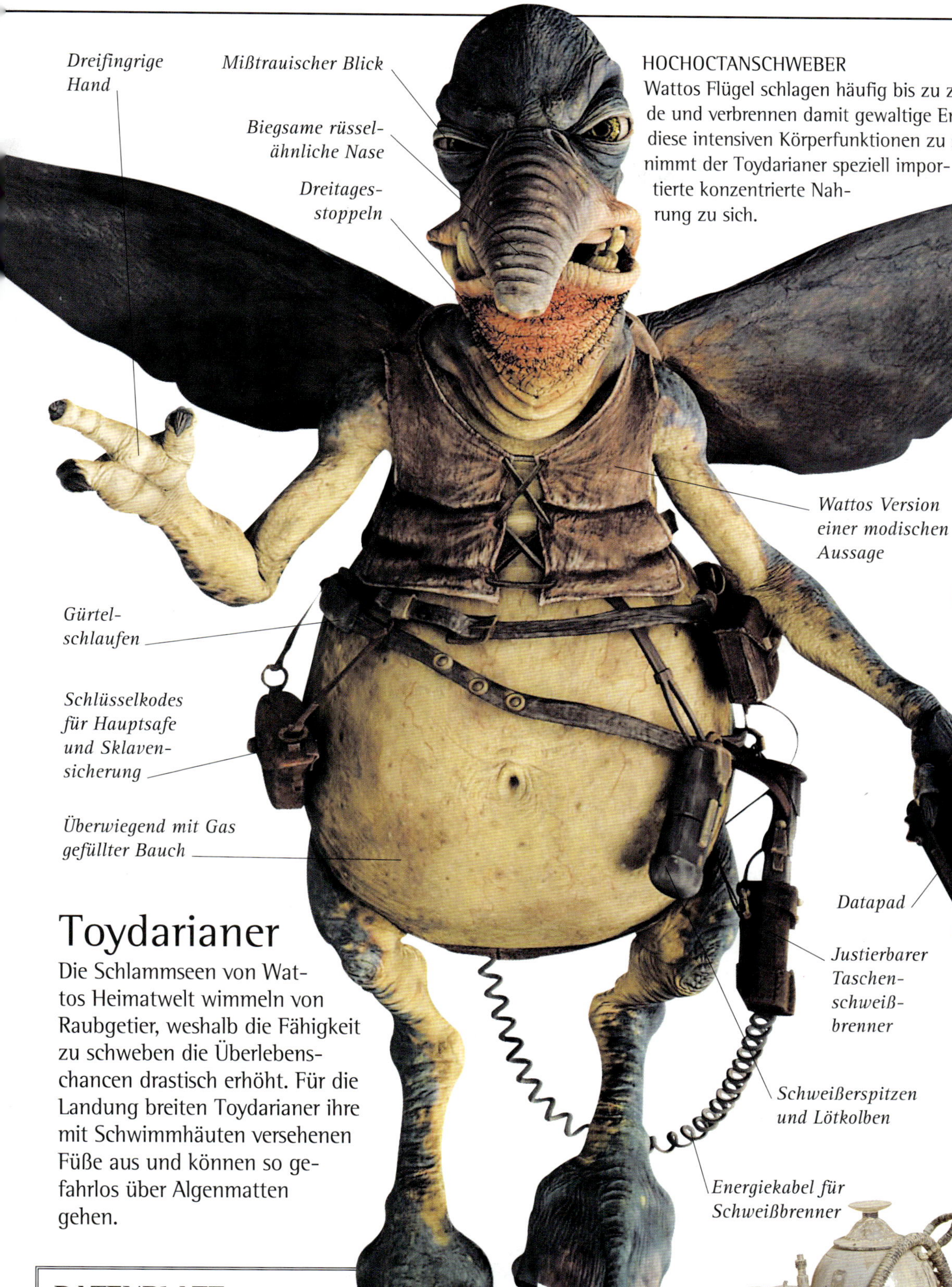

HOCHOCTANSCHWEBER
Wattos Flügel schlagen häufig bis zu zehn Mal in der Sekunde und verbrennen damit gewaltige Energiereserven. Um diese intensiven Körperfunktionen zu speisen, nimmt der Toydarianer speziell importierte konzentrierte Nahrung zu sich.

SCHMUTZIGE GESCHÄFTE
Watto hat keinerlei Probleme damit, gezinkte Glückswürfel zu benutzen, wenn er der Ansicht ist, sich bei seinen Geschäften einen kleinen Extravorteil verschaffen zu müssen. So auch bei der Entscheidung darüber, welchen Sklaven er Qui-Gon Jinn überlassen soll – Anakin oder dessen Mutter Shmi.

BEI DEN RENNEN
Watto vertreibt sich gern die Zeit damit, in der Arena von Mos Espa den Podrennen zuzusehen. Nichtmenschliche Bekannte erfüllen dann seine Privatloge mit der ungebremsten Begeisterung, den Gebeten und Flüchen, wie sie unter Fans und Spielern die Regel sind. Der Nervenkitzel und die Gesellschaft Gleichgesinnter trägt viel dazu bei, daß Watto sich in seiner Wahlheimat auf Tatooine wohl fühlt.

Toydarianer

Die Schlammseen von Wattos Heimatwelt wimmeln von Raubgetier, weshalb die Fähigkeit zu schweben die Überlebenschancen drastisch erhöht. Für die Landung breiten Toydarianer ihre mit Schwimmhäuten versehenen Füße aus und können so gefahrlos über Algenmatten gehen.

WATTOS SHISHA-PFEIFE

EIN ANGENEHMES LEBEN
Watto raucht mit großem Genuß Shisha-Ölpfeifen, was seine Haut fleckig und noch schwabbeliger macht. Außerdem benutzt er Duftspender, um so auf künstlichem Wege das Algenmatenambiente der toydarianischen Seen zu erzeugen.

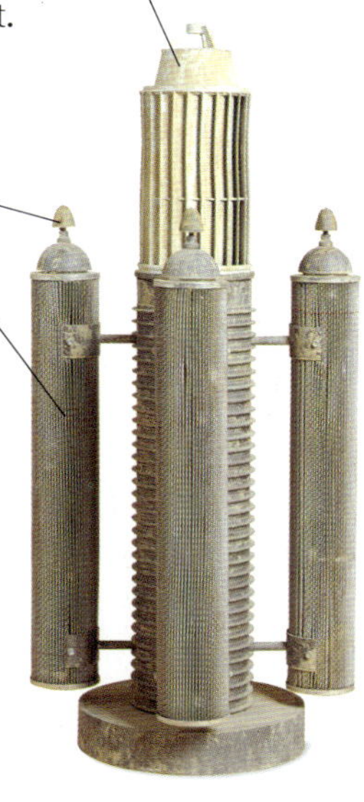

DUFTSPENDER

DATENBLATT

◆ Als Watto sich auf Tatooine niederließ, trieb er sich zunächst bei den Jawas herum und hörte dort Geschichten von großen Schrottfunden in der Wüste – und auch so manchen Tip, wie man störrische Droiden verkauft.

◆ Watto ist ein strenger, aber fairer Herr, der seine Sklaven anständiger behandelt, als die meisten anderen es tun.

VERLIEREN
Watto prahlt vor Freunden mit seinen kolossalen Wetteinsätzen und schafft damit die Voraussetzung für einen katastrophalen Verlust, als der von ihm favorisierte Sebulba beim Boonta Eve-Rennen verliert.

Sebulba

Unter den Podracer-Piloten auf den rauhen Welten des Äußeren Randes hat sich Sebulba mit einer Kombination aus Mut, fahrerischem Geschick und empörenden Mogeleien an die Spitze gearbeitet. Seine mörderische Taktik läßt seine Konkurrenten in unbeobachteten Momenten häufig in Flammen abstürzen. Der skrupellose Dug genießt das Prestige seiner Rennerfolge, doch da gibt es jemanden, der ihm die Freude am Triumph vergällt – einen jungen Podracer-Piloten namens Anakin Skywalker.

Sebulbas Wut auf Anakin ist hauptsächlich auf Angst zurückzuführen. Sollte der junge Mensch jemals ein Rennen gewinnen, wäre Sebulba entehrt. Der von Haß zerfressene Dug muß daher sicherstellen, daß das nie geschieht.

Sebulba stammt vom Planeten Malastare und gehört der auf Bäumen wohnenden Spezies der Dug an. Trotz der großen Schwerkraft auf ihrer Heimatwelt schwingen sie sich geschickt von Baum zu Baum, was Muskeln und Koordinationsvermögen stärkt. Die meisten Dug verlassen Malastare nie – was dem Rest der Galaxis nicht unangenehm ist, da die Dug notorische Schläger und Unruhestifter sind.

Sebulbas Podracer

Wenn es den Offiziellen je gelänge, sich Sebulbas riesigen Split-X-Podracer (von Collor Pondrat Plug-F Mammoth Racing Engines) aus der Nähe anzusehen, würde dieser zweifellos als zu groß disqualifiziert werden. Darüber hinaus verschaffen ihm versteckte Waffen wie Flammenwerfer beim Rennen gewinnentscheidende Vorteile.

Die Cockpits der Podracer sind ganz auf die Anatomie ihrer jeweiligen Piloten ausgelegt. Sebulbas komplizierte Anordnung von Pedalen und Hebeln ist mit einer noch wesentlich komplizierteren automatischen Datenübermittlungsbank gekoppelt, die ihn während des Rennens über den Zustand aller Antriebskomponenten informiert.

Die Gunst der Massen gehört dem Sieger, und Sebulba liefert den Sieg ein ums andere Mal. Der Dug schmeichelt sich bei der Menge ein, wann immer er in Sichtweite gerät, und ist in den Rennboxen stets der Favorit.

Sebulba, Anarchist des Podrennens

Sebulba ist ein äußerst geschickter Rennpilot, vermochte aber nie, allein mit seinen Fahrkünsten bis zur Spitze zu gelangen. Als er erkannte, daß die Einschüchterung von Konkurrenten ein wirksames Mittel zum Sieg ist, kultivierte er diese „Strategie" und begann, seine Maschine mit geheimen Waffen auszustatten. Seitdem macht sich der bösartige Dug einen besonderen Sport daraus, Gegner zu beseitigen, ohne dabei erwischt zu werden.

GEHEIME WAFFEN
Ob es nun darum geht, die Motorentelemetrie der Gegner zu stören oder fehlerhafte Sonden unter ihr Werkzeug zu schmuggeln – Sebulba ist stets ein Konkurrent, mit dem man rechnen muß.

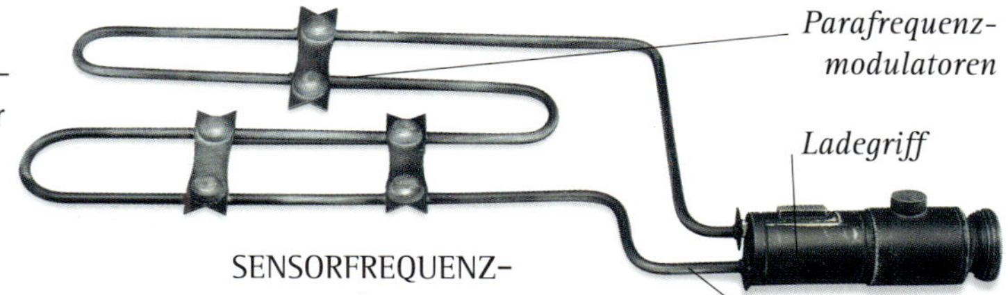

SENSORFREQUENZ-STÖRER

REAKTORLECK-ORTER

Twi'lek-Zwillinge

Sebulba haßt die Hutts, hat aber auf ihren Parties gelernt, wie man Geld ausgibt. Erst kürzlich hat er zwei teure blaue rutianische Twi'lek-Zwillinge als Masseusen erworben, teils um sich von ihnen für das Rennen in Hochform bringen zu lassen, hauptsächlich aber um seine Rennkollegen neidisch zu machen. Seine Taktik hat sich als erstaunlich wirksam erwiesen.

GLÜCKSSESSEL
Die exotisch gebauten Dugs sind in der Galaxis rar und haben daher Mühe, bequeme Sitze zu finden. Sebulba hat einem Möbelhersteller in Mos Espa ein Vermögen dafür bezahlt, für ihn einen Massagesessel zu konstruieren, den er als seinen „Glückssessel" bezeichnet.

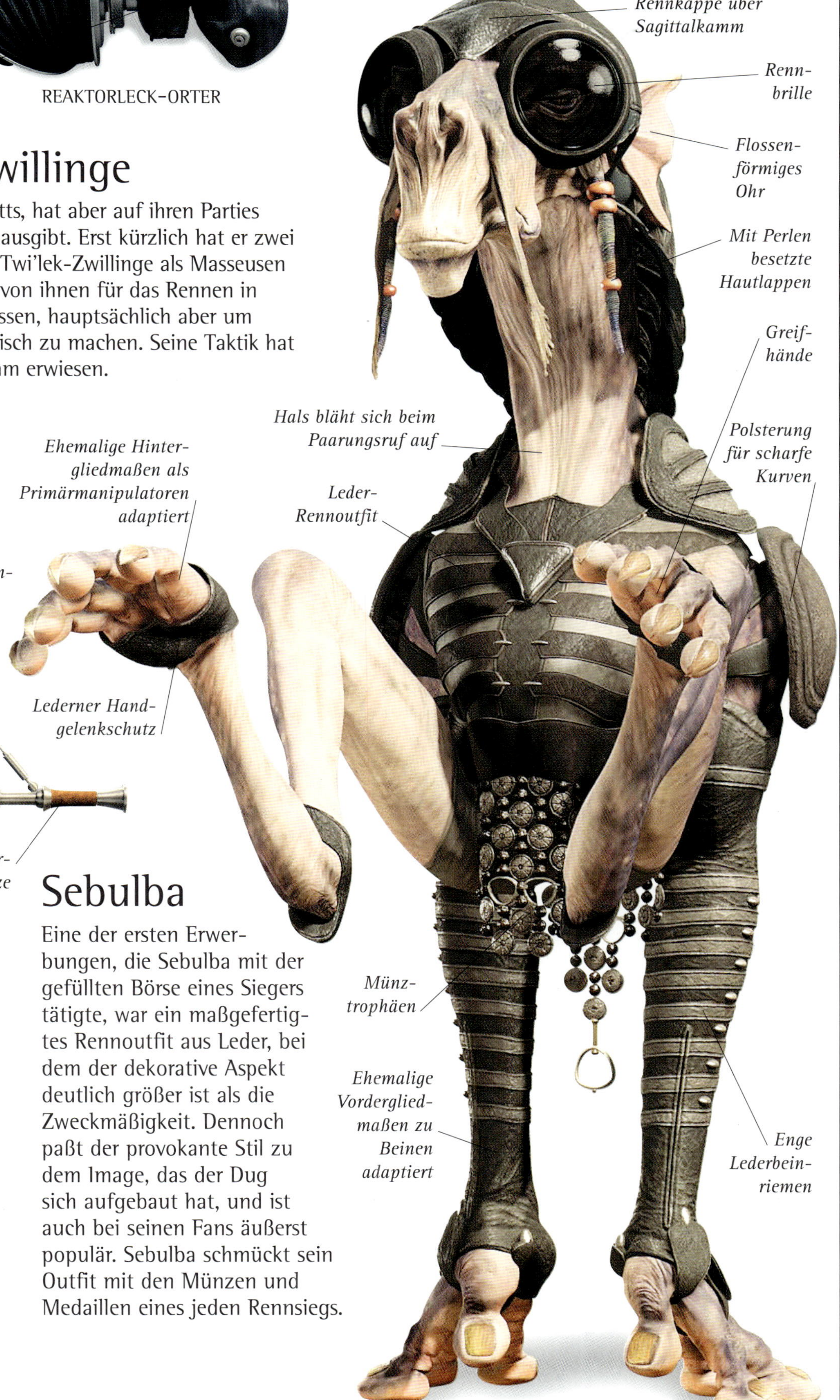

Sebulba

Eine der ersten Erwerbungen, die Sebulba mit der gefüllten Börse eines Siegers tätigte, war ein maßgefertigtes Rennoutfit aus Leder, bei dem der dekorative Aspekt deutlich größer ist als die Zweckmäßigkeit. Dennoch paßt der provokante Stil zu dem Image, das der Dug sich aufgebaut hat, und ist auch bei seinen Fans äußerst populär. Sebulba schmückt sein Outfit mit den Münzen und Medaillen eines jeden Rennsiegs.

DATENBLATT

- Sebulbas Podracer erreicht eine Höchstgeschwindigkeit von über 829 Stundenkilometer.
- Eine der frühesten Podracer-Waffen Sebulbas spie einen Hagel von Nägeln in die Gesichter der ihn verfolgenden Rennpiloten. Mittlerweile ist er auf einen Flammenwerfer umgestiegen.

Die Podracer-Crews

PODRACER sind komplizierte Geräte, die einer sorgfältigen Wartung bedürfen. Die mechanische Belastung mit einer Geschwindigkeit von bis zu 800 km/h fordert von jedem Podracer einen hohen Tribut. Die Crews bringen die zerbeulten Maschinen für das nächste Rennen wieder auf Vordermann. Umschwirrt von Boxendroiden und bedrängt von Offiziellen, die irgendwelche Regelverletzungen beanstanden, müssen sie sich zu allem Überfluß auch noch mit exaltierten Rennpiloten auseinandersetzen. Trotz allem erfüllt es die Crews mit großem Stolz, daß sie das ganze Spektakel überhaupt erst möglich machen.

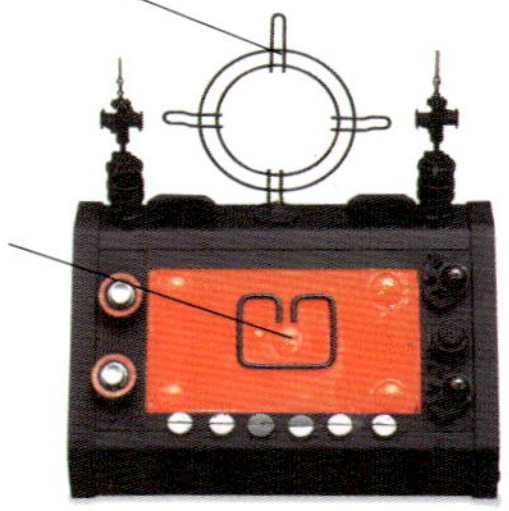

ENERGIEAUSSTOSS-ANALYSATOR

INSTRUMENTENKALIBRATOR

Podracer-Crews benutzen spezielle Instrumente, um die Motorenleistung und Diagnosewerte zu analysieren. Diese Werkzeuge sollten im Sinne größerer Sicherheit und der Fairness standardisiert sein, aber in der Praxis arbeitet jede Crew mit anderem Gerät.

Boxenhangar

In dem großen Podracer-Hangar der Arena von Mos Espa werden die Rennmaschinen von eifrigen Boxencrews bis zur letzten Minute vor dem Start auf Höchstleistung getrimmt. Massive Deckenkrane unterstützen sie bei der Wartung und den Reparaturen. Rennoffizielle, die bemüht sind, die Fahrzeuge zu homologisieren, werden von den Crews mit jedem nur denkbaren Trick abgelenkt, bestochen oder gar bedroht.

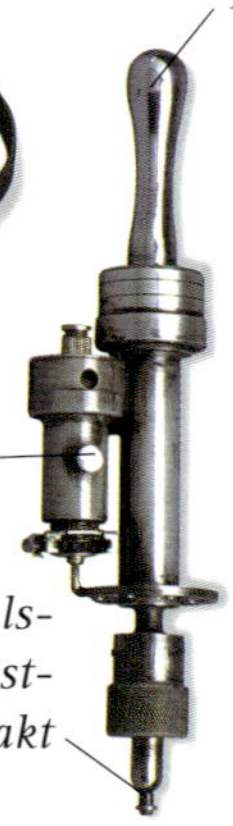

IMPULSDETEKTOREN
Zu den wichtigsten Werkzeugen gehören Impulsdetektoren, die die höchst gefährliche Energieabgabe der Podracer überwachen.

Die riesigen Turbinen der Podracer-Motoren erfordern große Feinabstimmung, damit sie ein ganzes Rennen überstehen. Diese Arbeit kann gefährlich sein, und die Mechaniker müssen in der Nähe der Motoren, ob diese nun laufen oder nicht, große Vorsicht walten lassen.

PODRACER-MECHANIKER
Menschen, die die enorm schnellen Podracer nicht sicher steuern können, werden häufig geschickte Mechaniker in den Podracer-Crews. Diese weitgehend unbesungenen Genies bauen einige der besten Motoren für Spezies, die die mächtigen Maschinen bis an die Grenze ihrer Kapazität jagen können.

Boxendroiden sind in der Umgebung von Podracern ein so vertrauter Anblick, daß man sie trotz ihrer bizarren Verhaltensweise bei der Arbeit kaum wahrnimmt. Es ist den lebenden Mechanikern überlassen, komplizierte Entscheidungen zu treffen und spezielle Motorenmodifikationen zu überwachen.

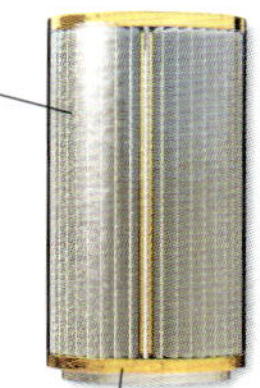

HOCHLEISTUNGSZÜNDKERZE EINES PODRACERS

DATENBLATT

◆ Die Unfallrate bei den Boonta Eve-Classics ist höher als bei jedem anderen Podrennen im Äußeren Rand.

◆ Ein leichter Schlag auf die „Nase" eines Boxendroiden veranlaßt ihn, sich zu deaktivieren und in eine Form zusammenzuklappen, die leicht zu verstauen ist (und ihn zudem vor etwaigen Schwierigkeiten schützt).

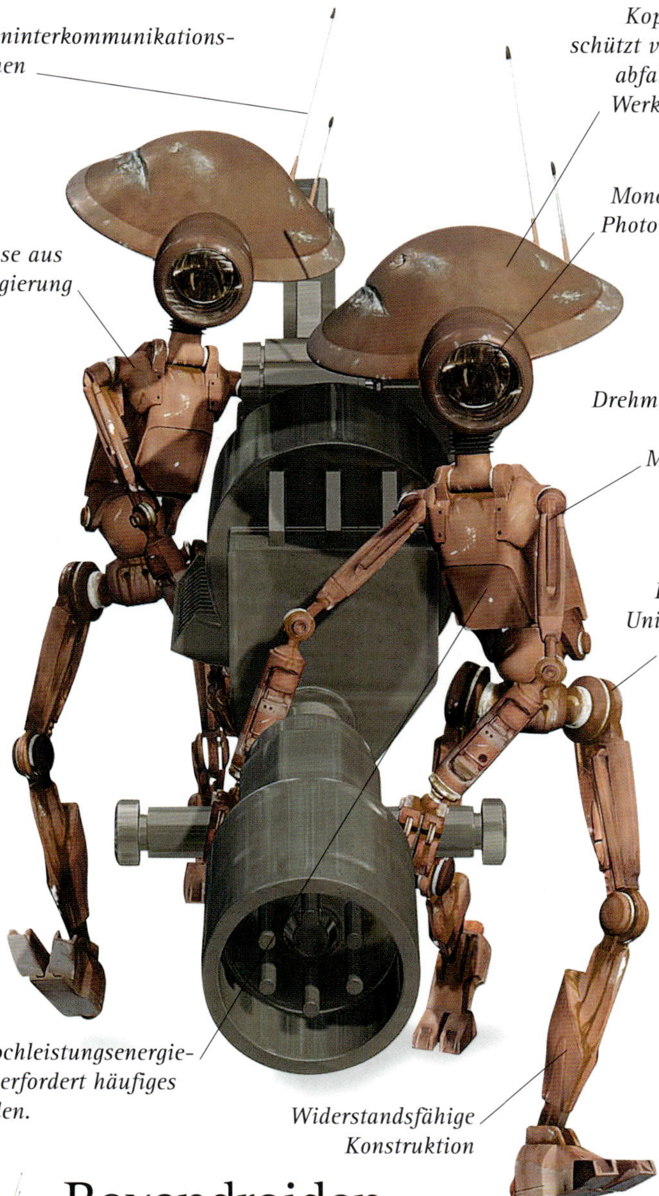

Boxendroiden

Boxendroiden sind auf permanente Dringlichkeit programmierte Mechaniker für die Wartungsarbeiten an den Podracern. Ihre kompakte Bauweise erlaubt es ihnen, in und unter den Motoren auch kleinste Teile zu erreichen. Boxendroiden sind nur mit einem Minimum an Logikprozessoren ausgestattet und nehmen daher Anweisungen entgegen, ohne persönliche oder überflüssige Fragen zu stellen. Dies hat allerdings auch zur Folge, daß sie leicht den Überblick verlieren und in Schwierigkeiten geraten, wenn man sie sich selbst überläßt.

DIE HAUPTKONKURRENTEN BEIM PODRENNEN

TEEMTO PAGALIES

Voller Stolz setzt Teemto Pagalies seinen noch kaum erprobten Podracer bei den Boonta-Classics ein, überzeugt, daß ihm sein neuer zirkulierender Elektromagnetenstabilisator einen entscheidenden Vorteil verschaffen wird.

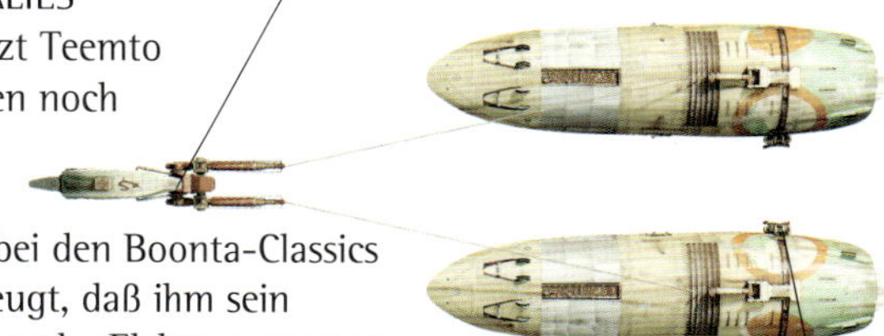

RATTS TYERELL

Obwohl Ratts Tyerell harmlos aussieht, verfügt er über einen extrem flexiblen Metabolismus, der ihm in der Hitze eines Podrennens blitzschnelle Reflexe ermöglicht – und ebenso auch auf der Flucht vor raubgierigen Sag-Fängern auf seiner Heimatwelt.

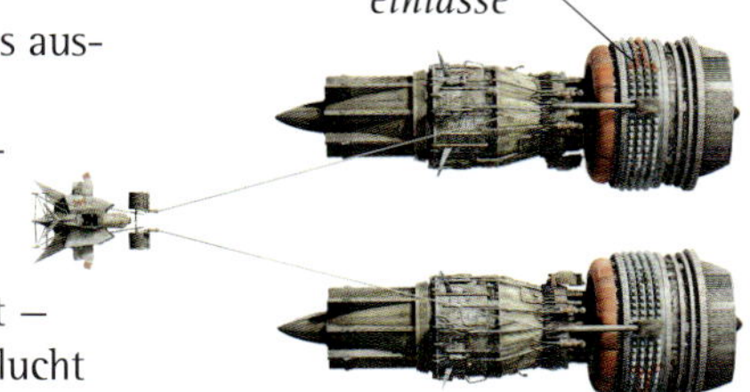

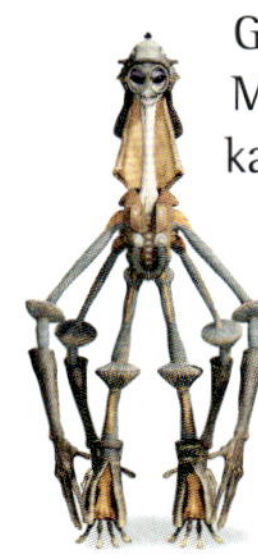

GASGANO

Mit seinen vierundzwanzig Fingern kann Gasgano mehrere Aufgaben gleichzeitig erledigen. Das schließt die Balance der Treibstoffzufuhr des Podracers, die Kontrolle der Druckventile und die Optimierung des Reaktormix in den Motoren ein.

BEN QUADINAROS

Ben Quadinaros, der bisher lediglich an den Podrennen des Pouffra-Zirkus teilnahm, durchlebt vor seinem ersten Rennen bei den berüchtigten Boonta-Classics Todesängste.

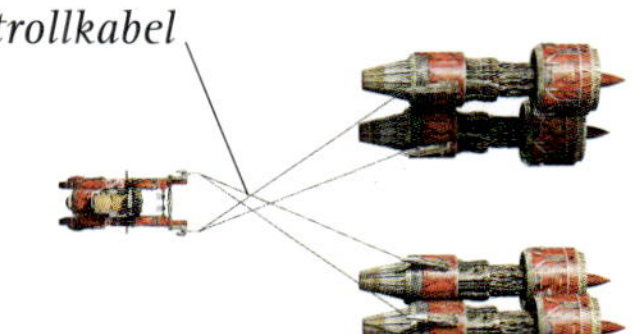

Beim Podrennen

NICHTS IST mit dem Spektakel der Podrennen vergleichbar, wie man sie auf den Welten des Äußeren Randes erleben kann. Das Letzte aus ihren frisierten Pods herausholend, rasen die Piloten durch zerklüftete Landschaften in einem Wettbewerb, in dem nur Nervenkraft zählt. Jeder Teilnehmer hat sich gegen mörderische Konkurrenz durchzusetzen, Regeln werden als Empfehlungen betrachtet und Sicherheitsbedenken in den Wind geschlagen. Ein Allstar-Ereignis wie das Boonta Eve-Rennen ist der Nervenkitzel dieses Rennsports in höchster Vollendung.

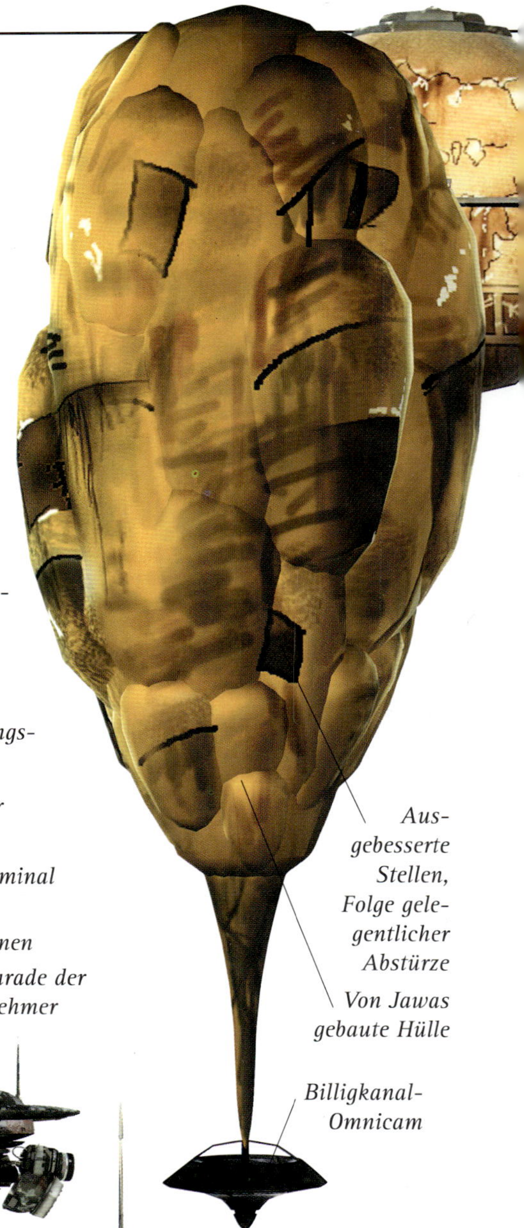

Die Mos Espa-Arena

Die Atmosphäre vor einem Podrennen knistert vor Spannung. Die Zuschauer nehmen ihre Plätze auf den Rängen ein; die Reichen suchen ihre Logen oder Schwebeplattformen auf; die Podracer werden vorbereitet, und an den Wettannahmen herrscht fieberhafte Aktivität, da die Chancen alle paar Sekunden neu bewertet werden.

Um die Startaufstellung des Boonta Eve-Rennens zu ermitteln, bedarf es einer scheinbar undurchschaubaren Kombination von Erfolgsstatistiken, Bestechung und der Willkür des Zufalls.

SEITENANSICHT

An der Starterloge sind das Startlicht und drei Rundenanzeiger befestigt.

BEGEISTERTE FANS
Tausende von Fans füllen das gewaltige Rund der Mos Espa-Arena, wenn dort große Rennen wie das Boonta Eve stattfinden. Von den Tribünen erschallen Anfeuerungen in jeder nur erdenklichen Sprache, und ganze Vermögen werden sowohl auf hochgehandelte Favoriten wie hoffnungslose Außenseiter gesetzt.

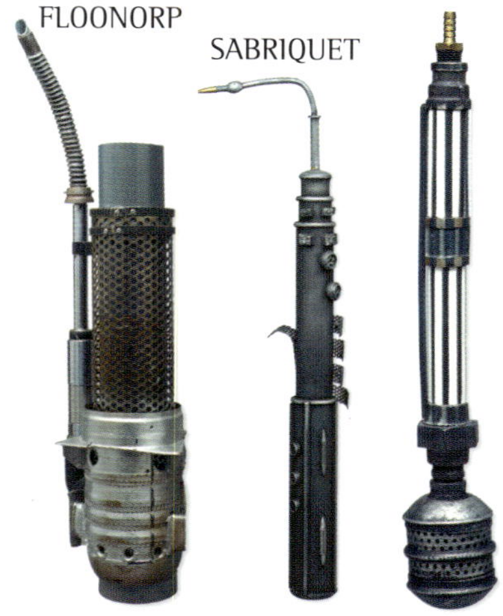

MUSIKINSTRUMENTE
Am Renntag ziehen Musikanten durch die Ränge und unterhalten die Menge gegen Spenden. Viele der von ihnen gespielten Instrumente sind aus Maschinenteilen gebaut.

Früher waren in die Felsen entlang der Rennstrecke Kameras montiert, doch diese wurden alle gestohlen oder in Stücke geschossen. Jetzt wird eine ganze Flotte schwebender Camdroiden eingesetzt.

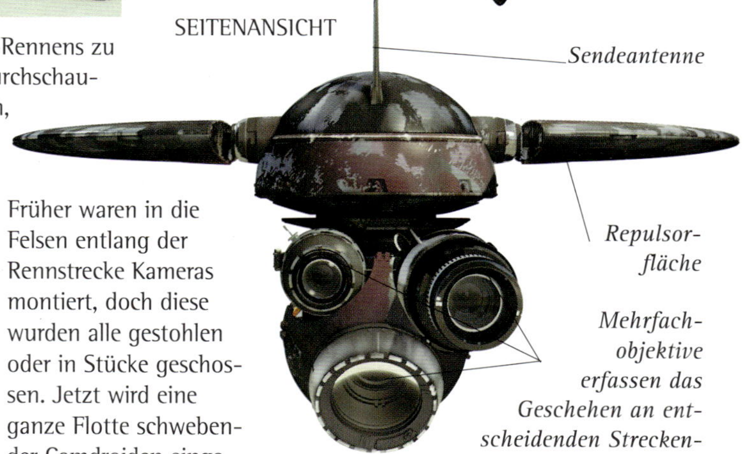

PODRENNEN-CAMDROIDE

DATENBLATT

◆ Die Mos Espa-Arena faßt mehr als hunderttausend Zuschauer.

◆ Rennteilnehmer erhalten ein gewisses Kontingent an Plätzen für ihre Fans. Anakins Mutter und seine Freunde beobachten das Rennen von einer Schwebeplattform aus.

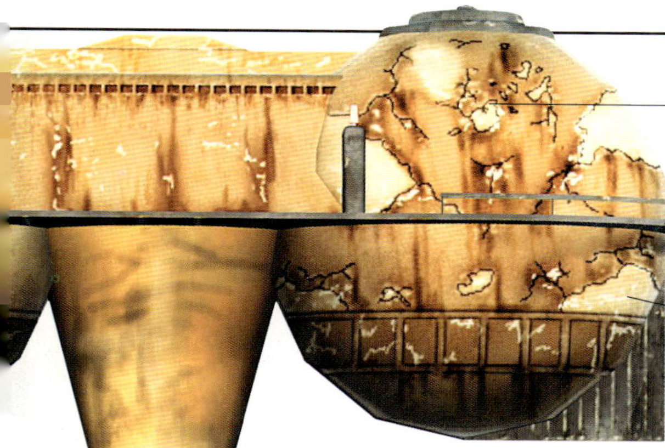

Innen sind aus Gründen der Stabilität Doppelballons angebracht

Stützgerüst

Tibanna-Gasmischung, die den Ballon in der Luft hält

Podrennen-Ballons

Die Hutts verlangen von den Fans Gebühren für die Nutzung der von den offiziellen Schwebekameras versorgten Übertragungskanäle. Es hat sich jedoch ein grauer Markt von Billigkanälen entwickelt, der aus Ballonkameras gespeist wird, da nur die repulsorgetriebenen Kameras kontrolliert werden. Einige tapfere Zuschauer betrachten das Rennen sogar von gemieteten Ballons aus, die häufig von betrunkenen Fans oder verärgerten Wett-Verlierern abgeschossen werden.

Kabel mit hoher Tragkraft

Zuschauergondel

Kanalauswahl

Wahlschalter für Darstellungsmodus

Haltegriffe

Doppelokular für Stereobild

Bewegungsverfolgender Scanner

PODRENNEN-ELEKTROBINOCULAR

TRAGBARE SICHTSCHIRME
Riesige Bildschirme in den riesigen Etagen der Arenazitadelle zeigen die von den Kameras übertragenen Bilder. Die meisten Fans ziehen es allerdings vor, die Rennen von den Tribünen aus zu verfolgen, wobei sie gemietete Sichtschirme oder Elektrobinoculare benutzen.

DIE PODRACER

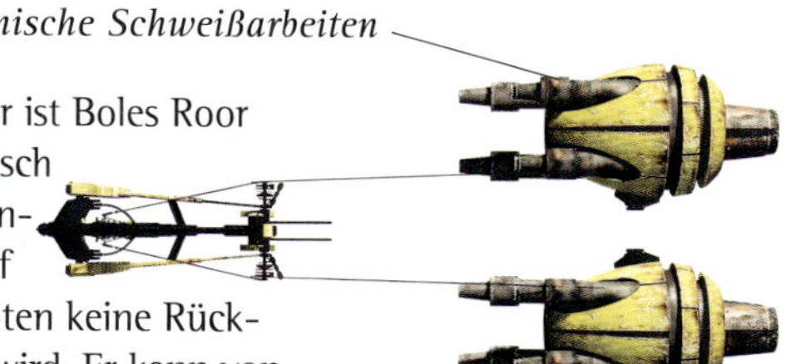

Unfachmännische Schweißarbeiten

BOLES ROOR
Mit seinem unfrisierten Podracer ist Boles Roor auf Tatooine praktisch ohne jede Chance, da dort auf regeltreue Piloten keine Rücksicht genommen wird. Er kann von Glück reden, wenn er überhaupt das Ziel erreicht.

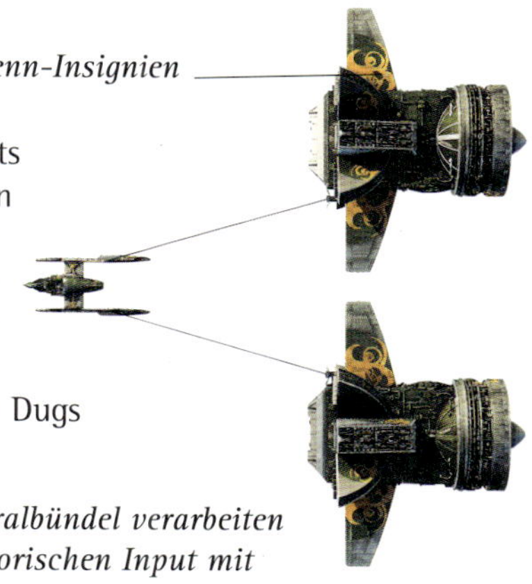

Renn-Insignien

MARS GUO
Der großmäulige Phuii ist stets beleidigt und interessiert an blauen, leichtbekleideten Masseusen. Guo wird feststellen, daß es eine schlechte Idee ist, sich an das Sklavenmädchen eines rachsüchtigen Dugs heranzumachen.

Triokulares Gesichtsfeld

Neuralbündel verarbeiten sensorischen Input mit hoher Geschwindigkeit

Anti-Elektrostatischer Visor

MAWHONIC

ARK „BUMPY“ ROOSE

NEVA KEE

ELAN MAK

CLEGG HOLDFAST

Thermoregulierende Klappen

ALDAR BEEDO

EBE ENDOCOTT

WAN SANDAGE

DUD BOLT

ODY MANDRELL

Jabba the Hutt

Irgendwo in Mos Espa gibt es einen kaum bekannten Beamten, der formal die Stadt regiert, aber die eigentliche Kontrolle geht von dem Gangster und „Ersten Bürger“ Jabba the Hutt aus. Jabba kontrolliert von den besten Logenplätzen der Arena aus das Boonta Eve-Rennen und denkt nur an die Profite, die ihm sein Wettimperium einbringt. Sein Majordomus Bib Fortuna sorgt dafür, daß Jabbas Unterhaltungsprogramm ebenso perfekt abläuft wie seine Verbrecherorganisation.

Jabba the Hutt

Bib Fortuna, Jabbas Twi'lek-Majordomus

Diva Shaliqua, eine von Jabbas Sklavinnen

Jabbas Shisha-Pfeife

Chokk, ein bewaffneter Leibwächter

R5-X2 kalkuliert die Wettchancen und die Gewinne Jabbas

Hutt-Glücksglyphen

Diva Funquita, Gardullas Assistent

Gardulla the Hutt, Jabbas Gast und gelegentliche Rivalin

Zwergnunas, die ein Attentäter Jabbas von einem kürzlichen Einsatz mitbrachte

Die Bewohner Tatooines

DER WÜSTENPLANET TATOOINE liegt an einer wichtigen Hyperraumroute zwischen den zivilisierten Planeten des galaktischen Kerns und den fernen Sternsystemen des Äußeren Randes. Händler und Schmuggler schlagen in den Raumhäfen Waren aller Art um und brauchen sich dabei kaum vor Behörden zu verantworten, vorausgesetzt, sie kommen den Hutts nicht ins Gehege. Die Wüste wird von verarmten Siedlern und Raumfahrern, Aliens zweifelhaften Rufs, Droiden und den Eingeborenen Tatooines bewohnt; letztere sind am besten an das Leben auf dieser schwierigen Welt angepaßt.

Der Sklave Erdan ist auf chemischem Wege vergrößert worden, um seine Arbeitsleistung zu steigern. Zur Kennzeichnung wurde sein Gesicht markiert.

Raumfahrer, die bereit sind, riskante Auftragsflüge in Sektoren jenseits von Tatooine zu unternehmen, warten in einem Straßencafé auf Arbeit. Spiele wie Triga helfen ihnen, sich die Zeit zu vertreiben.

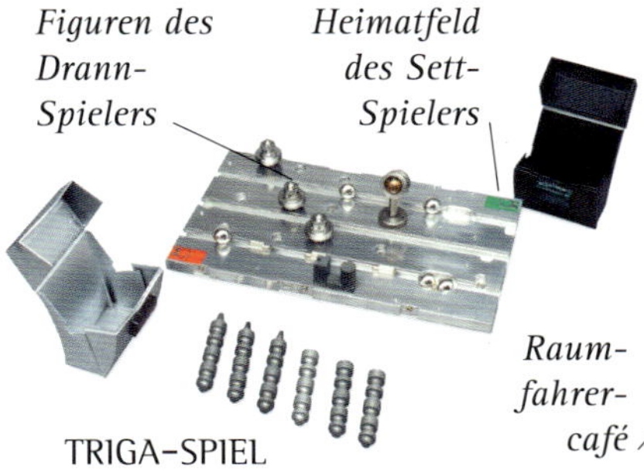

TRIGA-SPIEL

GORG-HÄNDLERIN
Gragra behauptet, sie würde ihre amphibischen Lebensmittel in einem großen Kulturbecken aufbewahren, züchtet sie aber tatsächlich in einer Kloake unter Mos Espa.

Marktplatz

In den überfüllten Marktgassen von Mos Espa gibt es unterschiedliche Viertel, die jeweils auf bestimmte Bereiche spezialisiert sind. Die einen sind für die Dinge des täglichen Bedarfs zuständig, andere beherbergen Droidenmechaniker, Reparaturwerkstätten und – falls man weiß, wo man suchen muß – illegale Waffenhändler.

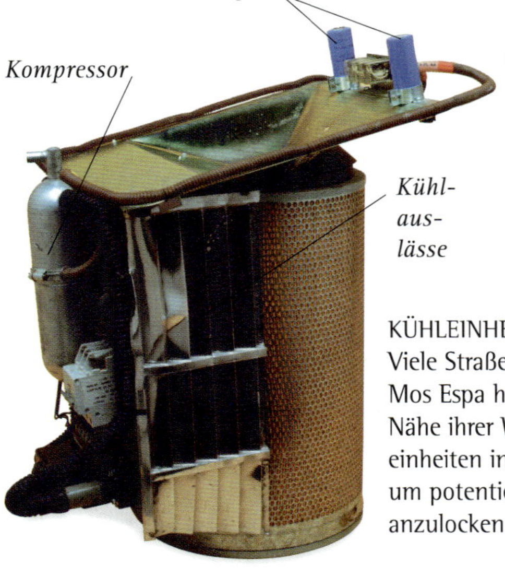

KÜHLEINHEIT
Viele Straßenhändler in Mos Espa haben in der Nähe ihrer Ware Kühleinheiten installiert, um potentielle Kunden anzulocken.

Droiden

Häufig kann man auf den Welten des Äußeren Randes oft reparierte Droiden durch die Seitengassen taumeln sehen. Auch Hybriden, zusammengesetzt aus Teilen verschiedener Droiden, sind ein vertrauter Anblick. Diese Roboter sind häufig von beschränkter Mentalität oder einem Wesen, das ähnlich unerklärlich wie ihre Herkunft ist.

Von Gangstern und Raumfahrern nicht zur Kenntnis genommen, sind die Siedler von Mos Espa sehr darum bemüht, sich aus Auseinandersetzungen herauszuhalten.

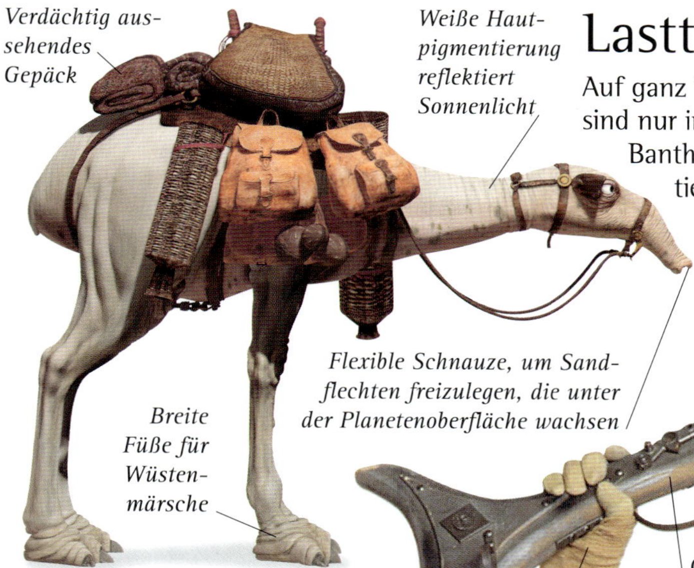

EOPIE

Lasttiere

Auf ganz Tatooine werden Taurücken benutzt; Eopies sind nur in der Gegend von Mos Espa vertreten, während Banthas ausschließlich von den Sandleuten als Reittiere benutzt werden.

TAURÜCKEN

Die auf Tatooine beheimateten Eopies können schwere Lasten tragen, ohne zu ermüden.

Sandleute stehlen manchmal Gewehre, ziehen aber für den Nahkampf traditionelle Knüppel und Axtwaffen vor.

Die Jawas sind als Eingeborene Tatooines den Kontakt mit Raumreisenden gewöhnt. Viele sind als Metallsammler und Reparaturhandwerker tätig.

Sandleute versuchen an abgelegenen Stellen entlang der Rennstrecke vorüberjagende Podracer abzuschießen, um sich anschließend den Piloten vorzunehmen.

RUCKSACKKÜHLER
Die Zwillingssonnen erzeugen eine brütende Mittagshitze, weshalb Fußgänger in Mos Espa häufig Kühleinheiten mitführen.

DATENBLATT

- Jawa-Clans lassen sich durch kleine Unterschiede im Schnitt ihrer Umhänge unterscheiden.
- Kinder in Mos Espa spielen mit für Prophezeiungen benutzten „Mesra-Augen", eine alte Wüstentradition.

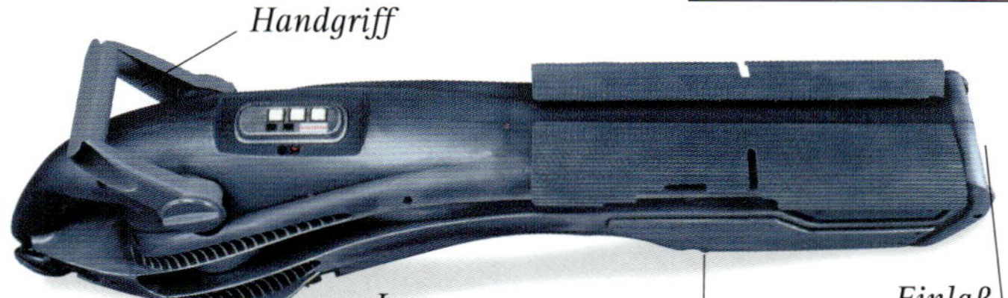

SANDSTAT
Sand weht in jeden Winkel von Mos Espa; wer auf Sauberkeit Wert legt, benutzt einen elektrostatischen Sandstat.

Sandleute

Im Gegensatz zu den Jawas haben die eingeborenen Sandleute Tatooines sich nicht an die Siedler gewöhnt. Verärgert über das Eindringen in ihr Territorium, überfallen sie Reisende. Die auch als Tuskenräuber bezeichneten Sandleute stellen eine nicht zu unterschätzende, tödliche Gefahr dar.

Kanzler Valorum

FINIS VALORUM hat sich ein ganzes Leben lang auf seine Wahl zum Obersten Kanzler des Galaktischen Senats vorbereitet, denn die bedeutendsten Mitglieder seiner Familie haben jeweils mehr als tausend Welten vertreten. Vor Jahrhunderten diente ein Valorum als Oberster Kanzler. Finis Valorum hat diesen Rang nun ebenfalls errungen und regiert vom galaktischen Sitz auf Coruscant aus die ganze Republik. Er hat jedoch eine vom eigenen Erfolg geschwächte Regierung geerbt: Die galaktischen Vertreter haben sich zu weit vom Volk entfernt, und das ganze System befindet sich in einem Zustand der Degeneration.

Coruscant

Die galaktische Hauptwelt Coruscant ist fast völlig von kilometerhohen Wolkenkratzern bedeckt, die Lebensraum für mehr als eine Billion Bewohner bieten, einschließlich der Senatsbeauftragten, deren Zahl Legion ist. Der Planet ist ohne eigene Ressourcen und auf die Versorgung von außen angewiesen, die durch einen nicht abreißenden Strom riesiger Frachtschiffe gesichert wird.

Sei Taria

Die Verwaltungsassistentin von Kanzler Valorum, Sei Taria, ist ihm dabei behilflich, die Einzelheiten notwendiger Verfahrensregelungen einzuhalten. Sie hat viel von Senator Palpatine gelernt.

Mas Amedda

Der Chagrianer Mas Amedda sorgt im Senat für Ruhe und Ordnung. Man wirft ihm vor, seine Befugnisse zu mißbrauchen und Schmiergelder anzunehmen, doch Amedda hält an seinem persönlichen Ehrenkodex fest.

DATENBLATT

- Coruscant ist seit Jahrzehntausenden das Zentrum der galaktischen Regierung. Seine Frühgeschichte ist von Legenden umwoben.
- Kanzler Valorum ist zunehmend von Senatoren wie Palpatine dahingehend beeinflußt worden, seine persönlichen Überzeugungen einer fadenscheinigen Geschäftsordnung unterzuordnen.

Multispektrale Scheinwerfer *Kommunikationsantenne*

LUFTTAXIS
Lufttaxis tragen Fahrgäste sicher durch das verwirrende Labyrinth der Schluchten zwischen den hohen Wolkenkratzern Coruscants.

Höhenrepulsoren

Plattformsitz *Senatsgarde*

Repulsor

SENATSPLATTFORMEN
Das riesige Amphitheater der Senatsrotunde wird von eintausendvierundzwanzig Plattformen gesäumt. Die Mehrzahl wird von Sektorsenatoren benutzt, die ihre eigenen Welten sowie Hunderte weitere Planeten eines galaktischen Sektors vertreten. Die übrigen Plattformen stehen Bündnis- und Handelspartnern oder Vertretern autonomer Planeten zur Verfügung, die dem Senat besondere Anliegen vorzutragen haben.

Wenn einem Vertreter des Senats offiziell das Wort erteilt wird, löst sich seine Plattform aus der Rotunde und schwebt an eine Stelle des Saales, an der er von allen problemlos gesehen werden kann.

Rodianischer Vertreter auf Senatsplattform

Senatsgarde

Die Garde des Galaktischen Senats trägt blaue Umhänge, welche die oberste Autorität des Senats und die lange Tradition seiner weisen Führung symbolisieren. Der Federbusch und der Schnitt des Umhangs sind eher das Resultat zeremonieller denn funktionaler Erwägungen.

SCHWEBECAM (SEITENANSICHT)

Deutlich sichtbarer Helmbusch

Schalldämpfer für Karabinerblaster

Unhandlicher zeremonieller Karabiner

Schwebecam

Eine Staffel fliegender Schwebecams patrouilliert die Rotunde, um die Reden und Stimmabgaben der Senatsvertreter zu dokumentieren. Manche dieser Operateure mißbrauchen ihre Verantwortung und unterlassen es, bestimmte Teilnehmer aufzuzeichnen, während andere es skrupellosen Senatoren gestatten, ihre Reden nachträglich zu ändern.

Steuerantenne

Weitwinkelobjektiv

Teleobjektiv

Repulsoreinheit

DIE VIELFALT DES SENATS
Die Senatsrotunde wird von Kulturen aus den entferntesten Winkeln der Galaxis vertreten. Dem Auge bietet sich eine schier grenzenlose Vielfalt an fremdartigen Trachten und Staatsgewändern, ungerechnet der mannigfaltigen modischen Stile Coruscants selbst.

Alderaanische Adjutanten

LIANA MERIAN

AGRIPPA ALDRETE

Zwei Münder inklusive Artikulationsorgane

Gehirn im Nackenwulst

TENDAU BENDON

SENATOR YARUA VON KASHYYYK

Obwohl für ihr aufbrausendes Temperament bekannt, besitzen Wookiee-Senatoren einen ausgeprägten Sinn für Gerechtigkeit. Als Senator Yarua der Geschäftemacherei im Senat gewahr wird, sieht er darin einen Mißstand, der rascher Abhilfe bedarf.

Senator Palpatine

Blaue Farbe deutet Palpatines Interesse am Kanzleramt an

Kunstvoll gearbeiteter Mantel als Zeichen der Autorität

Weite Ärmel mit langen Manschetten im Stil von Naboo

DAS GEHEIMNIS von Palpatines Erfolg ist seine endlose Geduld. Als junger Politiker wurde er immer wieder übergangen, wenn Ämter zur Diskussion standen. Auf diese Weise hat er die Kunst gelassener Beharrlichkeit erlernt und ist so bis zum mächtigen Amt eines Sektorvertreters im Galaktischen Senat aufgestiegen. Palpatine vertritt dreihundertsechsundsechzig Welten in einem rückständigen Sektor, für den sein provinzieller Heimatplanet Naboo typisch ist. Er hat verstanden, aus dieser Herkunft Vorteil zu ziehen und war stets präsent in den Hallen der galaktischen Politik, wo er Freunde wie Gegner mit seinem unaufdringlichen Auftreten und seinen überzeugenden Ansichten darüber beeindruckt hat, wie die Galaxis besser regiert werden könnte.

Im Laufe der Zeit hat Palpatine sich den Ruf erworben, jenseits von Intrigen und Korruption zu stehen, da er immer wieder das Fehlverhalten der Bürokratie an den Pranger stellt. So überrascht es Eingeweihte nicht, daß er für das Amt des Obersten Kanzlers nominiert wird.

Palpatines Apartment ist schlicht und bescheiden, verglichen mit den eindrucksvollen Palästen anderer Sektorvertreter.

Königliche Zofen

Königin Amidala

Eigenwilliges rotes Dekor

PALPATINES WOHNGEMACH
Nur wenige Fremde werden je in Palpatines scharlachrote Gemächer vorgelassen. Sie sind der ausschließliche Zufluchtsort seiner engsten Vertrauten, bis Königin Amidala auf Coruscant erscheint, um dem Senat ihr Anliegen vorzutragen.

Diplomat

Palpatine hatte nie eine hohe Meinung von dem früheren Souverän Naboos, König Veruna, auch nicht, als der sture Regent sich mehr um auswärtige Angelegenheiten kümmerte. Königin Amidala entspricht eher Palpatines Vorstellungen, da er glaubt, daß sie für seine Anregungen weitaus empfänglicher ist.

Vor ihrer Begegnung im Senat hat Königin Amidala Palpatine nur einmal persönlich zu Gesicht bekommen, nämlich anläßlich ihrer Krönung. Sie kann sich des Verdachts nicht erwehren, daß seine politischen Ambitionen den Vorrang vor seiner Sorge um Naboo haben.

DATENBLATT

◆ Palpatines ungewöhnlicher Kunstgeschmack läßt Königin Amidala erkennen, daß er sich schon lange von der Tradition Naboos gelöst hat und heute die Dinge aus einer viel weltlicheren Perspektive sieht.

DIE STRASSE ZUM ERFOLG
Palpatine schert sich wenig um Paragraphen oder Formalien und hält es für wichtiger, das zu tun, was seiner Ansicht nach getan werden muß. Infolge dieser pragmatischen Einstellung erwarten viele, daß Palpatine sein Versprechen auf eine klardenkende Führung wahr machen wird.

Der Senat

DIE MACHT eines Sektorsenators ist immens, da er für gewöhnlich Hunderte von Planeten vertritt. Ähnlich groß ist die Versuchung, die mit derartiger Befehlsgewalt einhergeht. Es ist nicht ungewöhnlich, korrupte Senatoren selbst auf oberster Ebene anzutreffen, und viele Bürger der Republik erwarten inzwischen von jedem Politiker, der seinen Fuß auf Coruscant setzt, nur noch leere Versprechungen und schöne Worte. Tatsächlich sind viele Senatoren einfach nur träge und habgierig und leisten so dem sich ausbreitenden Bösen Vorschub.

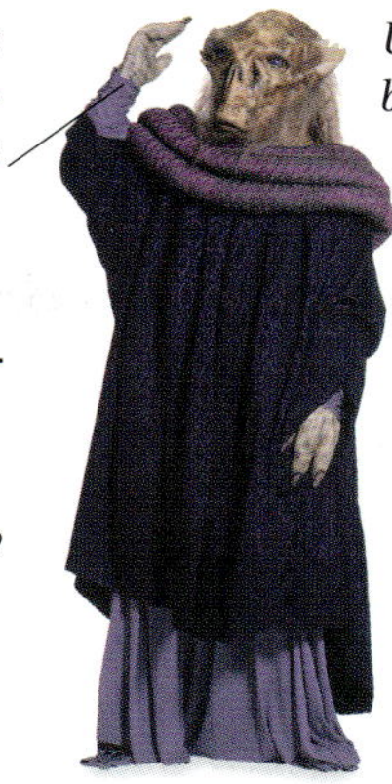

MOT NOT RAB

BASKOL YEESRIM

PASSEL ARGENTE

HOROX RYYDER

SENATSPOLITIK
Viele Senatoren halten sich bewußt aus jedem Bündnis heraus, um im Konfliktfall ihren Welten den Vorteil zu verschaffen, aus der Belieferung beider Seiten Nutzen zu ziehen. Kritiker meinen, daß dreiäugige Malastarianer wie Baskol Yeesrim nicht nur die beiden Seiten eines Disputs sehen, sondern auch immer den Punkt in der Mitte, der ihnen den größten Vorteil einbringt.

Gefährtinnen

Je nach Tradition und Sitte ihrer Heimatplaneten und Sektoren werden die Senatoren von Assistenten, Adjutanten und Gefährtinnen begleitet. Viele werden zunächst vom Mißbrauch der Regierungsmacht, die sie auf Coruscant erleben, abgestoßen, bleiben aber dennoch, weil sie nur ungern ihre Stellung aufgeben wollen.

TOOBUCK TOORAS GEFÄHRTIN

Senatorin Toobuck Toora hat den letzten Rest von Idealismus verloren, als sie sah, wie viele Gerechte stürzten, während sie ihre Profite zählen durfte, die sie durch geschicktes Ausnutzen von Gesetzeslücken an sich zu bringen verstand. Heute zählen korrupte Senatoren, die sie einst verachtete, zu ihren engen Freunden, und sie belohnt loyale Gefolgsleute mit Gefährtinnen- oder Assistentenpositionen.

DATENBLATT

◆ Für die Innenwand des Senats wurde die Farbe Lavendel gewählt, der einzige Farbton, der nie von irgendeiner Kultur mit Krieg, Zorn oder Trauer in Verbindung gebracht wurde.

◆ Senator Tikkes wechselte aus finanziellen Erwägungen aus dem Geschäftsleben in die Politik.

Senator Orn Free Taa

Nirgends ist der Luxus ausgeprägter als auf Coruscant, und Senator Orn Free Taa entdeckte Möglichkeiten, die seine kühnsten Träume übertrafen. Heute betrachtet er das Regieren nur noch als Sport der Mächtigen, wie er einer ist. Ungeachtet seiner abstoßenden Erscheinung, die Folge ständiger Exzesse, ist er fest davon überzeugt, daß Geld und Macht ihn stets attraktiv machen werden.

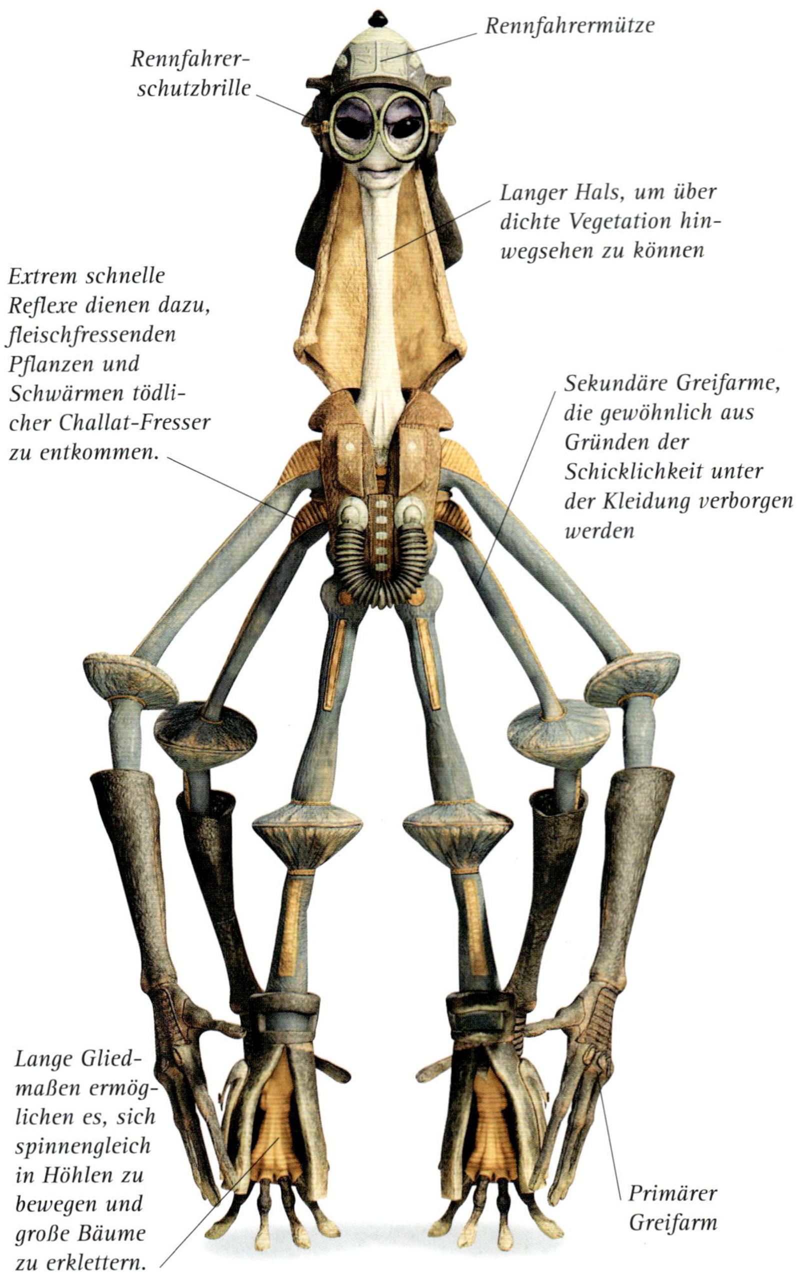

GASGANO

vgs

www.vgs.de

DK

www.dk.com

PROJECT ART EDITORS Iain Morris & Jane Thomas
PROJECT EDITOR Simon Beecroft
US-EDITOR Sarah Hines Stephens
MANAGING ART EDITOR Cathy Tincknell
MANAGING EDITOR Joanna Devereux
DESIGNERS Kim Browne & Guy Harvey
DTP-DESIGNER Jill Bunyan
PRODUCTION Steve Lang
US PICTURE RESEARCH Cara Evangelista
US PHOTO LIBRARY Tina Mills
ILM IMAGE COORDINATOR Christine Owens

Titel der Originalausgabe
STAR WARS – EPISODE I – THE VISUAL DICTIONARY

Die Deutsche Bibliothek – CIP-Einheitsaufnahme
Star wars – Episode I. – Köln : vgs
Die illustrierte Enzyklopädie / David West Reynolds. Übers.: Heinz Nagel. – 1999
ISBN 3-8025-2701-1

Satz der deutschen Ausgabe: ICS Communikations-Service GmbH, Bergisch Gladbach
Printed in Italy 1999
ISBN 3-8025-2701-1

Danksagungen

Viele Matrosen haben dieses Buch möglich gemacht, und der Kapitän möchte einigen von ihnen ganz besonders danken:

Ty Teiger von den Leavesden Studios und seine Requisitenabteilung haben die erstaunliche Sammlung faszinierender Schußwaffen und Apparate hergestellt, die diese Seiten füllen; zugleich ist dieses Buch eine Parade der außergewöhnlichsten Kostüme, die von der Kostümbildnerin Trisha Biggar und ihrem Team geschaffen wurden. Spezielle zusätzliche Effekte wurden von Don Bies, dem Modellentwickler von ILM, geschaffen, der für uns den Kopf des Kampfdroiden knackte. Ed Maggiani und Steve Cymszo sorgten dafür, daß auch der winzigste Jedi-Meister ein maßgefertigtes Lichtschwert erhielt; Designberater Iain Morris brachte es zuwege, mehrere Personen gleichzeitig zu sein, und ein oder zwei von ihm führten Regie bei den hervorragenden Layouts dieses Buches, die selbst aus einem Telefonbuch kopierten Text brillant präsentieren würden; Art Editor Jane Thomas leistete uns auf der Skywalker Ranch wertvolle Hilfe und ermöglichte es, das Design des Buches in etwa vierzehn Tagen (mehr oder weniger) abzuschließen; David Pickerings weiser redaktioneller Einfluß schwebte immer noch wie der Geist Obi-Wans über meiner Tastatur, aber als ich schließlich bereit war, seine Abwesenheit mit tiefem Bedauern zu akzeptieren, erschien mutig Simon Beecroft von DK, um mir (neben einer Menge redaktioneller Arbeit) mit so dringend erforderlicher Fröhlichkeit, anregenden Gesprächen und der Unterstützung zur Seite zu stehen, die erst wirklich befriedigende Arbeit möglich machen. Auch Sarah Hines Stephens als Redakteurin bei Lucasfilms schaltete sich mit einem Lächeln und scharfem Blick ein und sorgte dafür, daß die sich entwickelnden Hintergrundstories in Einklang mit dem restlichen *Star Wars*-Universum blieben. Die bezaubernde Cara Evangelista, Publishing Coordinator bei Lucas Licensing, lieferte dem Team Stapel von Material aus den Anfängen, als noch Chaos herrschte und die Dunkelheit ohne Gestalt war. Das gesamte Bildwerk wurde auf dem Amboß von Image Coordinator Tina Mills geschmiedet, die in ihrem Büro ein separates Universum und einen gewaltigen Stab unsichtbarer Helfer haben muß, um all das zu schaffen, was sie und ihre Leute tun. FBI Special Agent R. Matthew Bliss war mir mit seiner Erfahrung dabei behilflich, das Profil von Darth Maul zu verfeinern – wahrscheinlich das erste Mal, daß ein FBI-Mann die terroristische Vorgeschichte eines Sith-Lord untersucht hat; Chief Engineer George Stevens Whitcombs, ehemals von der CV-66 U.S.S. America, einem atombetriebenen Flugzeugträger der U.S. Navy, war uns wie immer eine Inspiration in spekulativer Funktionalität. Poet, Dieb und Meisterfechter Jack „Tony" Bobo, Esq. hat meine Phantasie immens beflügelt, ebenso wie der Schatzsucher und Schriftsteller Carl „Ray the Barbarian" Cart, dessen Werk konzentriert wie Nitroglyzerin ist und der den hohen Maßstab setzte, den ich mich zu erreichen bemühe. Professor Gregory S. Aldrete, Ph.D., vom Lehrstuhl für Geschichte der University of Wisconsin in Green Bay half mit vielen Gesprächen über die Beziehung zwischen Gesellschaft, Kunst und Kultur bei meiner interpretierenden Analyse des *Star Wars*-Universums. Hugh Quarshie führte mit mir eine der anregendsten Diskussionen während meiner ganzen Zeit am Set, in deren Verlauf er mir seine Erkenntnisse hinsichtlich der Intrigen im Königshaus von Naboo anvertraute. Es war eine Freude, mit Neal Porter und Fiona Macmillan von DK zu arbeiten. Jane Mason von Lucasfilm US half mit, dem Buch in seinem Frühstadium Form zu geben; Lucy Wilson, Director of Publishing bei Lucasfilm, hielt unter besonderen Umständen zu mir und ermöglichte mir ein weiteres spannendes Projekt; und schließlich Ann Marie Reynolds, die mich unterstützte und den Wert ihres redaktionellen Einflusses bei einem weiteren Projekt unter Beweis stellte, indem sie dafür Sorge trug, daß Simon nie etwas zu sehen bekam, das wirklich ein erster Entwurf war.

DK Publishing dankt Alex Ivanov und David Owens für zusätzliche Photos; Justin Graham, Scott Carter, Matthew Azevada, Paloma Añoveros, Susan Copley, Danielle Roode und Fay David für zusätzliche Recherchen, David John für zusätzliche redaktionelle Arbeit; John Kelly und Mark Regardsoe für zusätzliche Design-Arbeiten.

LUCAS BOOKS